城市可持续发展研究系列丛书

（本书受扬州大学出版基金资助）

城市可持续性概念模型研究

金　涛　著

东南大学出版社
SOUTHEAST UNIVERSITY PRESS
·南京·

内容提要

城市是对地球生态圈影响最大的空间单元。如何将城市发展纳入可持续轨道，成为学术界和政府部门共同关注的议题。好的可持续发展实践，离不开建立在清晰价值判断基础上的科学理论的指导。可持续性概念模型立足于理论探讨，面向实践操作，与价值理念相关联，一定程度上可以改善对可持续性问题的理解。

本书以概念模型为主线，运用跨学科交叉融合方法，以城市地域为例，对可持续发展进行从理念到实践的探索。在借鉴国内外相关成果的基础上，理清可持续性概念构模的价值立场，借助模型检视系统内部结构、关联机制，提出面向可持续发展的城市概念性调控方法。

本书对经济、资源、环境、地理、规划等领域从事发展研究的专业人员具有参考价值；同时，理论探讨与实例分析相结合，力求图文并茂，也适合政府相关部门决策者、地区发展实践者和其他读者阅读参考。

图书在版编目(CIP)数据

城市可持续性概念模型研究/金涛著．—南京：东南大学出版社，2016.12

(城市可持续发展研究系列丛书)

ISBN 978-7-5641-6905-3

Ⅰ.①城… Ⅱ.①金… Ⅲ.①城市经济—可持续发展—研究—中国 Ⅳ.①F299.2

中国版本图书馆 CIP 数据核字(2016)第 317893 号

书　　名：城市可持续性概念模型研究

著　　者：金　涛
责任编辑：宋华莉
编辑邮箱：52145104@qq.com

出版发行：东南大学出版社
出 版 人：江建中
社　　址：南京市四牌楼 2 号(210096)
网　　址：http://www.seupress.com

印　　刷：江苏扬中印刷有限公司
开　　本：700 mm×1 000 mm　1/16　　印张：9.75　　字数：170 千字
版 印 次：2016 年 12 月第 1 版　　2016 年 12 月第 1 次印刷
书　　号：ISBN 978-7-5641-6905-3
定　　价：39.00 元

经　　销：全国各地新华书店
发行热线：025-83790519　83791830

前　言

城市是地球表面人地矛盾最突出的空间。城市活动的生态影响机理及控制方法尚不清楚。城市不是机器，即使对城市系统的结构、运行机制有充分理解，也不一定能操控好其发展路径。可持续发展需要构建知行合一的整体框架，概念模型则是一个重要研究思路。

概念模型能沟通机理研究的科学领域与调控研究的政策领域。从概念模型入手，进行可持续发展的价值理念-理论探讨-实践指向的整合研究，这是笔者在南京大学攻读人文地理学博士学位所选择的研究方向。人文地理学有三个传统研究方向：人地关系论、综合性、地域性，本选题也是地理学研究可持续发展问题的一种独特方向。本书是笔者在博士期间完成的研究成果，经过修改而成的。

本书包括理论基础和实践思路两大部分，共计 8 章。主要内容简述如下：

第一部分，可持续性概念构模理论基础研究，侧重可持续性价值立场相关的理论探讨。

(1) 绪论。论述城市可持续发展概念模型的研究背景和意义，界定相关概念，分析本研究的思路和方法。

(2) 国内外研究述评。在对国内外概念模型回顾分析的基础上，对有关代表性学科观点加以述评，提供可持续性概念模型多样化研究视角的一个概览，并对城市科学领域中关于城市的各种隐喻进行梳理，为可持续性城市概念思想的界定提供研究基础。

(3) 概念模型构模基础研究。从价值观与系统观探讨可持续发展概念构模基础问题。从国内外主要概念模型研究成果入手，归纳总结出可持续发展存在的三种主要的价值前提，论证表明其中的生态优先具有最终的解释性，进一步提出可持续发展的生态一元、人地二元、自然-社会-环境三元等三种理论框架。可持续性系统思想和系统方法论研究进展表明，对于以人为中心的可持续性问题的考虑，批评性方法论和软系统思想具有一定的现实指导意义。最后通过一个概念模型范例来进一步明确，可持续性价值观和系统观是概念构模的重要前提条件。

(4) 城市可持续性背景研究。立足于当代城市可持续发展本质问题的探讨,从生态中心的价值立场,分析人地矛盾日趋严峻的根源在于全球流行的一种文化价值观,即将经济效率与经济规律置于自然规则之上。在经济为先的主导文化模式下,由资本的逐利性而来的扩张性,与经济全球化和城市化进程相互加强,成为当代人类活动影响地球生态系统的一大动力特征。

(5) 城市可持续性概念模型设计。基于生态中心价值观和自组织系统观,遵循认识理解复杂系统的一般过程——白箱化方法,以城市物质有机体线性代谢为分析起点,通过一个可持续性城市概念模型的设计,展示城市的社会、经济和环境各要素整合发展的过程。模型表现的生态过程与社会过程的强相关性,表明要实现城市环境可持续性目标,涉及以人为主体的城市系统的全面重构。

第二部分,概念模型实践研究,侧重可持续性应用理论的探讨。

(1) 概念模型的一种实践思路。相对于传统规划方法,可持续性规划更为关注"什么目标"和"如何努力"。通过建立城市发展的趋势——目标的未来情景方案,概念模型有助于实行城市发展过程中的自我检查和自我纠偏。向可持续性目标接近的行动过程,也是城市可持续发展能力的提升过程,而这有待于规划管理实践的不断创新。实证部分以扬州为例,面向"可持续性城市"愿景,从城市发展的目标、趋势以及项目个案两个方面展开分析。

(2) 概念的实践:轴线开发模式。运用生态优先的可持续性概念思想,检讨城市区域开发活动。根据经验观察以及对两种空间开发概念模式(网络开发和轴线开发)的比较,分析表明相对于经济为先的网络开发模式,轴线开发是现实更为合理的模式,进而探讨轴线模式的空间利用方式,并应用于扬州地区的实例分析。

可持续发展在概念模型层面的研究基本上是一种探索性研究。本书在以下几方面进行探索尝试:

(1) 研究框架。可持续发展作为一种新型发展范式,理念付诸实践,要有清晰的价值判断、科学的理论诠释、明确的操作思路。本书基于一种生态优先的概念构模,通过"理念-理论-实践"前后连贯、内在一致的研究脉络,为可持续发展综合研究提供一种研究思路。

(2) 理论观点。①通过对可持续发展的经济优先、三要素平衡、生态优先等三种基本价值观的系统总结，提出可持续发展系统的生态一元论、人地二元论和社会-经济-环境三元论等三种理论模型，丰富了地理学人地系统基础理论内容。②对网络开发和轴线开发两种概念模式作了深入探讨，进一步认清网络开发的负面后果，揭示轴线开发的现实意义，进而探讨了生态健康的空间利用思路，明确了城乡分明的空间开发方式，对区域经济活动的空间开发模式的理论完善有积极意义。③初步探索了实现科学领域和政策领域联动的可持续发展管理思路，有助于对当前经济中心的发展实践进行检讨。

(3) 分析方法。以概念模型为平台，进行跨学科交叉融合的分析研究，一定程度上可以缓解多学科多部门难以兼容的可持续发展研究困境。可持续发展概念模型面向实践，研究旨在改善对可持续性问题的理解，并有可能影响到决策和公众行为，所以本书写作上力求观点明确，表述清楚，以有助于研究结论的理解和传达。

本书在写作过程中参考了许多资料，笔者已尽可能详细地在参考文献中列出，但仍可能疏漏一些转引文献，敬请谅解。可持续概念模型属于探索性研究，本研究难免存在不成熟性，敬请广大读者对书中存在的不足提出宝贵意见。

本书出版得到苏中发展研究院与扬州大学出版基金联合资助，谨致谢意！

作 者

2016 年 7 月 31 日

目录

1 绪 论

1.1 研究背景

1.1.1 可持续性问题与地理学任务

20 世纪以来，工业化、城市化及随后的经济全球化的急剧发展，强烈地改变着各地区的经济结构和生态环境结构，影响了地球生态圈功能，威胁到地球及人类的可持续生存。这些由人类活动引发的环境变化的结果提出了严峻的可持续发展问题(理查德·罗杰斯，菲利普·古姆齐德，2004；Wigginton, et al. 2016)。为此，国际上正在兴起"可持续性科学"，其中心是人类需求与地球环境的维持，研究主题集中在"全球过程与特定地区和部门的生态和社会特征的相互作用"(Singh，2001)。1980 年代以来的全球变化研究，注意力已经转移到自然过程、生物过程和人类活动过程间的相互作用方面。许多长期研究地球系统的学科也开始着手研究人类社会经济活动对于自然环境的影响。长期以来，地理学研究人地关系及其相互作用。可持续发展问题对地理学提出了严峻的挑战。地理学的任务就是要从"人地关系"的观点及区域的角度，研究当代人类社会所面临的持续发展和保护环境的重大理论问题和实际问题(陆大道，2002)。

可持续发展是为修复过度发展和全球化的不良后果而提出的(Clark，2000)。可持续发展是一种新的发展理念，或一种哲学思想，本身不具有操作意义。但作为一种新型发展范式，要变革传统发展实践，这一理念又必须付诸实践。近年来，国际上将可持续发展的理念付诸于发展实践的兴趣日益提高，如健康社区、绿色城市，可持续社区、地方 21 世纪议程行动。国内相关实践也已展开，并不断完善，如生态省、市、县、村的规划建设，可持续发展综合试验区等。由于介于理念与实践之间的研究相对滞后，地方问题的一些创造性解决方案虽在不断试验和推广之中，但大多仍处于零碎或单向度的层次，缺少系统综合的思路。

在地理学领域，可持续发展理论研究面临一个问题，即：基本理论研究成果匮乏，理论体系难以构造。近年来，我国地理学者愈来愈感到地理学缺乏综合研究的理论和方法，特别是没有将“人地关系地域系统”理论和方法研究置于重要位置，妨碍了地理学在解决可持续发展问题中学科特点和作用的发挥(陆大道，2002)。科学研究的一个重要任务是发现科学知识并推广普及这些知识，现有成果大多侧重地域实证研究，很少用于发现新理论、新规律，当然这也是科学实证主义本身所固有的局限性。大量经验研究成果与理论建立所发展的概念框架体系明显脱节。

1.1.2 概念模型与可持续性理论研究

传统工业化、城市化方式危及地球环境及人类自身的可持续生存，而经济全球化加速和加深全球环境与社会的危机(哈维，2006)。为此，国际社会 1987 年正式提出“可持续发展”战略决策，要求学术界提供环境-经济-社会多要素协调发展的理论与操作方法。概念模型是其中的一个重要研究思路。

概念模型是精确分析的第一步，是可持续发展研究的基础。它在概念层面界定系统的边界、组成和结构，与理论价值目标相关联，可以定性描述系统各要素相互关系，对合理的政策和决策至为关键。所以，概念模型研究是可持续发展理念操作化的一个重要研究内容。

可持续发展理念要付诸操作，首先要解决两个概念性问题(Smith and McDonald, 1998)：①方向引导型概念。可持续发展作为一种新型发展范式，要变革传统常规发展实践方向，首先要有相对清晰的价值目标。②系统描述型概念。可持续发展命题的提出源于人类活动的环境影响，只有充分说明人类活动与地理环境之间的复杂关系，才能实现不断变化环境下的系统各要素的协进。这两个基本问题与科学研究的两个传统相关联：①规范分析。规范科学与“应该如何”的价值判断有关。由于价值标准存在时序可变性和空间不一致性，加上发展的多维性，对可持续发展价值标准存在天然的模糊性。②实证分析。实证科学重在对客观事实“是什么”的分析和经验验证。但要深入到系统的精确关系方面，传统科学实证主义无法也可能永远不能得到对复杂人地系统的真正的科学描述；科学实证主义也不能够解决可持续发展的政治文化问题(Meppem and Gill，1998)。面对可持续发展的上述研究困境，概念模型与价值目标有关联，也涉及系统定性描述，从而一定程度上可以改善对可持续发展问题的理解，为应用研究提供理论基础。

1.1.3 城市可持续发展及其理论模型研究

过去 100 多年来，大量人口迁入城市，构成地球生物圈的重大事件（罗杰斯和古姆齐德，2004）。2014 年，全世界 54%的人口（39 亿）居住在城市，2050 年，这一比例预测将上升至 66%（Wigginton, et al., 2016）。引起全球变暖的 70%以上的温室气体是由城市排放的，而且这些温室气体将会对从农作物生长到水源供应等所有环节产生影响。

城市如何发展将会决定 21 世纪的人类发展进程。一般认为，经济增长是生活标准和国家维持高标准公共供给的能力基础。但现在已经清楚地看到，经济增长处于全球和国家不可持续的方向上，对地球生命保障系统的环境危害正在出现（哈维，2006；Wu, 2014）。人类自 6000 多年前开始构筑城市起，城市就开始迅速向外拓展，以控制整个区域的层级网络来扩展。越来越多的人开始认识到不受约束的城市增长的负面效应。城市系统与全球环境的关联开始引起关注，可持续城市管理和发展的能力关系着全球可持续发展。城市化过程还将继续，但对于城市可持续性的评定还缺乏一个清晰的方法论（Phil, 2012; Childers, et al. 2014）。现在，可持续发展范式已纳入国家政策框架和现代区域和城市规划实践，但在城市和可持续性问题上创制一个概念和实证上的联系，对这方面的关注还不够（Ng and Hills, 2003）。

模型构成理论与实践的中介。理论模型是抽象层次的理论与观察经验、现实实践需求的结合。城市研究有很好的理论模型研究传统，如两个典型的理论模型，都是建立在美国城市化现象的经验观察的基础上。1920 年代美国芝加哥大学的一群社会学者，根据芝加哥城市化现象，结合生态学理论，对城市进化提出一种解释模式，由此创立城市研究的芝加哥学派。同样，1980 年代后，洛杉矶的一些学者，发现南加州地区正在发生一种新现象，而这是传统芝加哥学派的理论模式所不能解释的，由此创立了城市研究的洛杉矶学派。

概念模型是理论模型的一种深化。城市可持续性概念模型探索城市复杂系统的环境、经济、社会过程的关系，试图沟通机理研究的科学领域与调控研究的政策领域，研究属于可持续发展实践的前期理论基础的探索。概念模型本身属抽象的理论探索，是理念付诸实践的必要研究环节。

概念模型作为一种理论探索，与实践不可分割，理论要由实践检验同时也来源于实践。目前的城市可持续发展研究中，调查研究的结果很少进一步归纳、概括为理论命题，理论研究则沉溺于抽象哲学思辨中，很少结合社会现实来发展或修改其分析框架。这种状况导致城市可持续发展理论的贫乏和落后。

1.2 研究意义

1.2.1 理论意义

地理学具有综合性和区域性的特点，模型研究自然是重点。模型是建立在对于实际的人地系统结构的深刻了解和把握的基础上的。科学的"人地关系地域系统"模型是建立在对现实自然经济和社会状况及问题的充分理解的基础之上，单纯依靠数学知识和计算机构思各种"人地系统"的模型是不能解决实际问题的(陆大道，2002)。

概念模型的重点是宏观框架，其研究成果有助于各自分立领域的整合和统一。通过概念模型沟通各学科领域，提供一个整合各维和各要素及内部关联的一个整体化研究视角，一定程度上改善对地方与全球生态的关系，以及对城市内部环境、经济、社会过程的关系的理解，从而查证可持续性危机的成因，为解决方案提供理论基础。因此，概念模型研究是对区域科学与实践的相关知识领域的总结和深化。

1.2.2 实践意义

概念模型研究力求为规划决策提示一个现行合宜的发展思路，为各种发展实践活动提供一个整体框架。在价值多元化时代，国际上的政策方案或规划设计，往往是在一个概念模型下进行，因而分析研究的方案是相对确定的。在快速变化、多元多样而相互依存的世界，很难判断一个城市的发展是否可持续。概念模型从各学科一般模型抽象而来，探讨模型背后的思想基础，定性解释系统各要素的关系，能够为城市相关政策实践提供概念框架。

概念模型设计的一般性动机需求：回答人类活动是否促进可持续目标实现，指明方向，并测度与可持续性标准的距离。因此主要用于政策选择与政策评估，概念模型是未来规划行动的必要工具和基础。它可以检查政策和实践活动的绩效，辅助进行政策选择和政策修正，避免重大决策失误。总之，可持续性概念模型将人类实践活动与可持续性目标相联系，是判断目前努力是否促进可持续性目标的实现的重要手段。

1.3 有关概念的界定

1.3.1 概念模型

1）模型

模型（Model）原意“照实物的形状和结构按比例制成的物体”。随着近代实验科学的兴起和现代科学认识的深化，模型一词的涵义大大扩展，国内外许多学者都在不同层次、意义上使用“模型”一词（盖建民，2001）。一般认为，模型是对真实系统的简略、概要的表达与描述，是对系统的抽象概括和简化。建模从具体“给出一个真实的装置或一个真实的过程”，上升到理论建模，“把假设与结果之间的变量关系、内在联系，做成某种结构”。

模型、模式、框架三种概念本意相通，各自适用不同领域：“模型”一般适用于理工学科；“模式”一般适用于人文社会学科；旨在跨学科探讨，一般用“框架”一词。

城市是一个复杂的人造实体。通过构造一个模型，可以识别城市复杂实体的最重要特征和功能。构模的基础是城市各子系统特点及相互关系构成。

2）概念模型

理论表现为一系列解释的概念。概念模型作为理论陈述的组织方式之一，是图解式的理论，可以显示过程、概念和相互关系。将概念图解出来，有助于将一些概念表达于背景之中，并能表达出抽象和复杂的思想（基钦，泰特，2006）。

概念模型通过理论建模，表现不同概念间的假设的关系。在实践中，概念模型一般能实证检验，但也有一种概念模型高度抽象，无法实证测试，即所谓“思想模型”。最好的情况是概念模型能用作理论建设的一个出发点，并由此有启示价值。

3）可持续发展模型的层次

人地关系是可持续发展的核心，要在概念层面理解人地系统，首先要在方法论上，认识人地系统研究的结构层次。系统研究一般分观念、概念框架和系统模拟三个层次展开：①宏观层次的系统观点，是一种理论背景或思维取向；属于元方法论范畴，有哲学方法论的普遍性、综合性、思辨性倾向。其局限性在于缺乏深入分析和解释的能力。系统理论（老三论、新三论）是系统哲学的科学思想基础。在处理人与自然的关系上，系统观点有指导意义。如人类系统是地球生态系统的一个子系统，取决于它与同一层次其他子系统以及母系统的共生、互生、协调。②中观层次的系统概念，主要定性描述、分析。系统概念的框架的构成要素：开放与封闭、平衡与非平衡、线性与非线性、微涨落与巨涨落、稳定与适应、无序与有序。③微观层次的系统模型，即系统状态方程，实质是系统概念转化为变量，并确定变量间的数学联系方式（钟明，1997）。

按系统研究的结构层次，国外可持续发展模型研究的方向，从对微观地域和种群系统的详细模拟，到对农业、资源、土地利用等中观系统的应用性模型，再到涉及整个宏观生态经济系统的概念性模型，充分体现了可持续发展研究的跨学科、多视角的特性。一般性概念模型、应用性模型、现实性模型，共同构成模型建立的三个层面。没有哪一个模型能够同时满足一般性、精确性和现实性这三个标准。要获得一般性，模型就必须放弃一些现实性和精确性，事实上，一般性模型可以被看做是多步骤模型过程的第一步，一般性模型可以为以后更精确和现实的研究与管理模型提供基础。高度精确的数据与模型之间的定量对应通常缺乏普遍性和现实性。而现实性模型注重特定系统过程的表示。

概念模型是理解复杂系统和决策分析的手段。可持续发展分析的范围除了生态、环境与资源，还扩展到人的偏好、社会目标以及经济系统动力，所以可持续发展问题不可能在单学科的模型框架中加以解释。面对大量定性的、模糊的与不完全的信息，应用多学科整合的模型与分析方法可以改善对可持续性系统的理解。

1.3.2 可持续性

1）可持续发展术语的来源

“持续”的意思是“在时间上延续、不间断，保持下去”。对于资源与环境来说，就是保持或延长资源环境的生产使用性和资源环境基础的完整性，使自然环境资源能够永远为人类所利用，不至于因其耗竭或破坏而影响后代人的生产、生活与生存。

“可持续”的概念来源于生物学和生态学，最初应用于林业和渔业，是对资源的一种管理战略，即如何合理地收获全部资源中的一部分，而新成长的资源数量足以弥补所收获的数量，并提出最大可持续产量的概念。而经济学家则提出了最优可持续产量——由可再生资源的最优存量获得的最优流量，这是对可持续性进行分析的正式开始。当资源与环境问题的范围从局部扩大到全球时，可持续发展的概念也就应运而生。

“可持续发展”一词最早出现在国际文件中，是1980年由世界自然保护联盟(IUCN)制订并发布的《世界自然保护大纲》，后来便由生态学范畴应用于更加广泛的经济学和社会学范畴。

1987年，由挪威首相布伦特兰夫人任主席的世界环境与发展委员会(WCED)，向联合国大会提交《我们共同的未来》报告，正式提出可持续发展模式，指出“生态与经济从来没有像现在这样互相紧密地联系在一个互为因果的网络之中”。《我们共同的未来》提出的可持续发展概念得到了广泛采纳，“既能满足当代人的需求，又不损害后代人满足其需求的能力的发展”。“可持续发展”思想的内容，包含了当代与后代的需求、国家主权、国际公平、自然资源、生态承载力、环境与发展相结合、消除贫困等重要内容。首先从环境保护的角度提倡保持人类社会的进步与发展，号召人们在增加生产的同时，必须注意保护与改善生态环境，明确提出要变革人类沿袭已久的生产方式和生活方式，并调整现行的国际经济关系；这种变革与调整要按照可持续性要求进行设计和运行，几乎涉及经济发展和社会生活的所有方面。

2) 可持续性的基本含义

从系统论角度来看，可持续性是指某一过程在一个无限长的时期内永远保持下去，而系统内外不仅没有数量和质量的衰减，甚至还有所提高。

生态学家重视生态系统的适应性及其功能的保持，经济学家强调保持和提高人类生活水平，社会学家则呼吁保持社会和文化的多样性。但是，多数仍然是以人类为中心的。

可持续性涉及生物地球物理的、经济的、社会的、文化的、政治的、技术的及自然环境的各种复杂因素的相互作用，包括自然资源与生态环境的可持续性、经济发展的可持续性和社会进步的可持续性三个相互联系的方面，其中自然资源与生态环境的可持续性是基础，经济发展的可持续性是前提，社会进步的可持续性是目标。

3）“可持续性”概念的多种文献表述

可持续性定义甚多，近年来，这一主题的文献数量激增。本书甄选并列示几种典型的界定方式：

世界自然保护联盟（IUCN，1980）：“在生态支持系统的承载力内，能提高人类生命质量的发展。”

世界环境与发展委员会（WCED，1987）：“可持续发展是不损害后代满足需求的能力下，满足当代的需求的发展。”

联合国（1987）：“一种全球发展的过程，最小化环境资源和减少对环境载体的影响，同时这一过程能改善经济和生命质量。”

从长远存活能力的意义上，可持续性“用于生态学，表示一种状态的长期无限制维持，而没有进行性品质的衰退。应用于经济发展，意味着长时期能承载人口的自然生态系统能力的维持”（Alberti and Susskind，1996）。

永续更新和进化的过程离不开人类的正向干预。可持续性是人类活动与资源环境基础的平衡；因人类活动与资源环境基础两者都处于不断变化中，所以可持续性仅是一个方向，而非一个静止的终极目标（Ravetz，2000）。由此，可持续性指一种动态、平衡、适应性进化过程，如能确保经济发展的自然环境基础的平衡使用和管理的一个过程（Bosshard，2000；Kelly，et al.，2004）。

概括而言：①可持续性是一种持续连贯的能力。②保持这种能力的前提是不超越环境容量。具体要求资源使用与废弃物产出量的最小化。③在此前提下，改善全民生活质量并实现其潜力。④调控管理是可持续性目标达成的重要工具。

4）可持续性的几种实践立场

当代人与后代人的机会不可能完全一样，这就涉及机会的代际衡量体系。经济学家从资本存量的角度来定义发展机会，并扩大对资本的理解，人造资本（财政和经济）、自然资本（自然资源与环境）、人力资本（教育、卫生、健康、营养、知识、技能方面的投资）和社会资本（人文和社会制度基础）。保持资本的完整性是实现可持续发展的最基本条件，当代人留给后代人的四种资本总和不少于当代人所拥有的资本总和。

根据人造资本与自然资本的相互关系（是替代，还是互补），可持续性有以下三种：

（1）弱可持续性：资本存量的价值（自然资本与人造资本之和）不能下降，某种资本的价值可以下降，只要其他种类资本的价值增加并保持资本总价值不变。它认为自然资本的损失可以被其他形态的资本所补偿，因此，只要保证留给后代的净利是稳定或上升的，而这种资产不一定是自然资产。

（2）强可持续性：现存自然资本存量的价值不能减少，人造资本和自然资本各自的存量价值都不能下降。为保证安全稳定的持续发展，要为后代“保持资源基础完整无损”。强调发展的环境资源约束，一定的地方使用一定的资源。

（3）环境可持续性：自然资源的物质流量而不是其总价值应当保持在可持续产量水平上。实现环境可持续性的必要条件：①可更新资源的开发利用率不能超过其再生率；②必须排放到环境中的废弃物的产生率不能超过环境吸纳废弃物的能力；③不可更新资源的耗竭应当为对其可更新替代物的投资和开发所抵消。

1.3.3 城市可持续性

对可持续概念的界定往往决定了对城市可持续性的理解：

（1）城市与资源环境的关系视角：城市可持续性的目标是减少城市对自然资源的使用和废弃物生产，同时改善其居住条件，使在地方、区域、全球生态系统承载力内能更健康（Rees，1997；Holden，2004）。

（2）规划管理视角：城市可持续性是在城市系统中，人类活动与资源环境基础的平衡；城市可持续发展是全球背景下，引导城市系统（物质和人类）朝向“环境可持续性”这一不断变化目标的行动和进程（Ravetz，2000）。

（3）地方行动层面：社区能通过为未来提供优质生命的方式，发展和（或）保持当前优质生命的一种能力（Meppem，1997；Stoecker，1999；Roseland，2000）。

综上所述：①全球视野。关注城市对地球生态的影响。②过程导向。发展与可持续性本身都意味着一种过程。对于一贯关注“此时此地”的规划决策，可持续性要求关注决策的长远或全球层次的效果。对于发展实践，则关注发展的环境门槛；辨别发展是否朝向更好的未来；一些工具的创新与支持(Kelly, et al., 2004)。

1.4 研究方案

1.4.1 研究框架

1) 总目标

建立一个可持续性城市概念模型，为生态健康的城市发展实践提供理论支持。

2) 分目标

(1) 研究概念构模的理论框架，包括理论基础、环境背景、构模技术路线。

(2) 探讨概念模型的实践应用思路，包括可持续开发模式、城市规划管理思路。

3) 研究内容

本书以可持续性概念模型及其应用为主线，研究主要分两大部分(图1-1)：

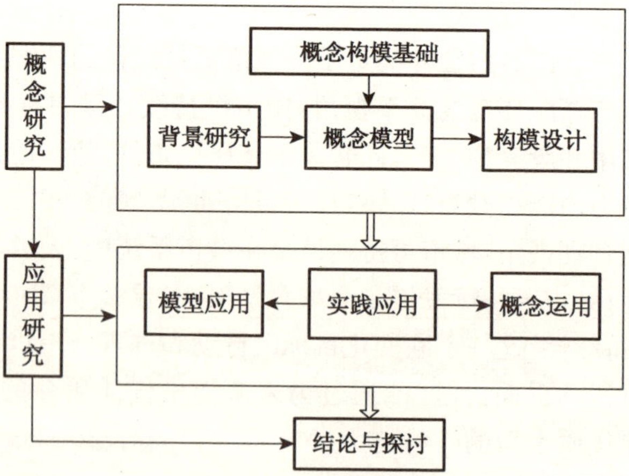

图1-1 研究框架

第一部分——可持续性概念构模理论基础研究。分别从研究背景、研究综述、构模基础、构模的背景研究及设计展开。主要包括本书的前五个章节:绪论、相关研究述评、概念模型构模基础研究、城市可持续性背景研究、城市可持续性概念模型设计。首先对可持续性概念框架及城市思想模型进行分类评述,探讨可持续性系统的价值观与系统观,为概念建模奠定思想方法的基础。进而针对可持续城市概念构模,进行建模的环境背景和设计研究。

第二部分——可持续性实践视角的研究。针对发展实践的现实问题,将第一部分的可持续性概念模型研究成果,包括模型思想及其模型框架本身,进行实践运用的探索性研究。前者为概念思想在空间开发层面的实践应用研究,后者为模型框架本身对城市可持续发展实践的理论指导意义的探讨。

在此基础上,在本书最后一章,总结研究的结论及进一步要探讨的问题。

1.4.2 技术路线

本书基本遵循从理论--一般建模思路-概念模型构建-模型应用(图 1-2):

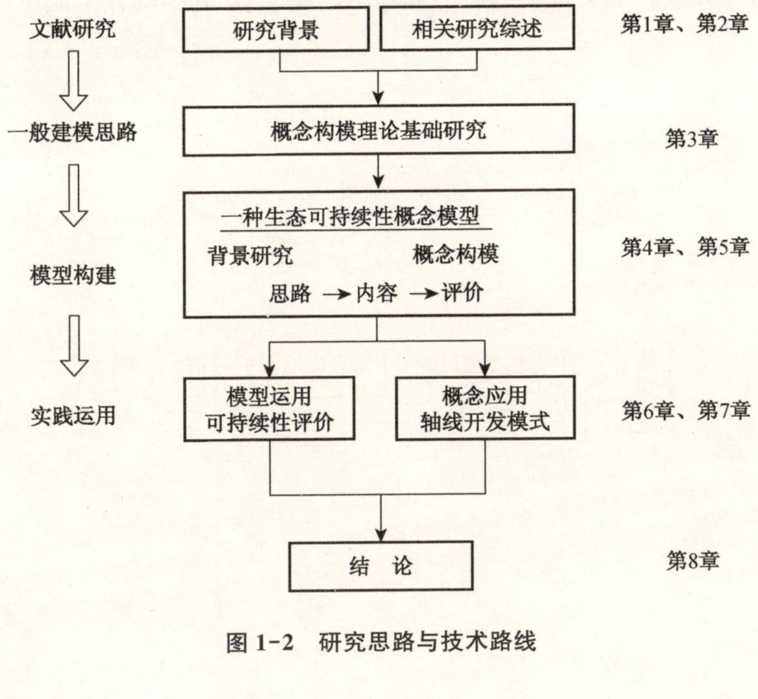

图 1-2 研究思路与技术路线

1.4.3 研究方法

研究方法从结构上看,分为方法论-研究方式-具体方法和技术三个层次。三层次相互关联:方法论观点影响研究者对研究方式的选择,一定的研究方式又规定具体方法和技术。

本书旨在构建城市可持续发展系统的概念框架,而可持续发展系统由客观的自然世界和主观的社会世界共同组成,需要采用跨学科的整体研究思路。传统的实证主义和经验主义难以完全胜任以人为主体的城市系统分析研究。所以,本研究在方法论上立足于实证主义与人文主义的共同立场。

从概念模型的选题上看,本书应侧重抽象层次的理论研究,并与应用研究相互支持。研究拟设计的概念模型,由众多一般模型抽象而来,因此是建立在各种模型及其理论思想的综合分析的基础上。理论研究包括抽象层次的概念体系框架的探讨,这离不开对各种理论模型观点的系统分析评述和综合;也包括经验层次上通过对现实问题的观察、概括和抽象来检验理论或提供新的理论解释。

基于研究方法论和研究类型的上述界定,本书拟以定性的文献研究为主要研究方法。主要包括内容分析、历史-比较分析和统计资料分析三种方式。

2 国内外研究述评

“可持续性”已成为国家和地方政府的重要议题，“可持续性”一词频频出现在城市规划、建筑、环境行动等研究和政府政策报告中，可持续性相关概念如城市环境、宜居性、生活质量、居住地满意度等也是发展决策、项目行动的一个中心问题。但近年通过文献回顾研究，可持续性尚未形成一个普遍接受的概念框架。科学界至今还没有提出一个复杂框架以一个整体态度解决可持续性相关的这些问题（Hodge，1997；Childers，et al. 2014）。虽然不可能对可持续性所有定义、模型进行全面回顾，但文献回顾能够提供一个“可持续性”多样化研究视角和方法的概略性探察。

2.1 可持续发展问题的国际差异

发展问题在发达国家与发展中国家的侧重点不同。发达国家主要是为了继续保持优越的生活环境和现有消费模式，维护和提高其在处理国际事务中的地位。而发展中国家主要目标则是强调发展，优先项目的实施也主要围绕消除贫困、控制人口、发展农业、减少环境污染等方面展开。因此，两者在可持续性问题上的表现也就不尽相同，发达国家主要是不可持续，发展中国家主要是不发达。前者的不可持续在于，为满足居民生活需求，保持当前生活方式，其高消费方式是地球环境所不能承载的。后者的不发达在于，无法满足地方居民最基本的需求，如衣食住行及避免环境灾害等。当然，发达国家有不发达的社区，发展中国家也有过度消费的地区。

发达国家已进入城市化的高级阶段。环境问题已由产业型公害向城市型公害转化，同时又进一步向地球环境问题方向转化。经济高速增长，产业结构逐渐向服务业转化，产业部门能耗比重减少，民生部门和运输部门的能耗比例不断增加，产业型公害将让位于城市型公害。许多城市地方环境改善的同时产生了新的环境问题。

发展中国家的城市问题主要表现在缺乏足够的住房、设施和必要的服务。据世卫组织（WHO）报告，三分之一的居民住房不达标，2.5 亿城市居民无安全的饮用水。拉美、东欧有一半的贫困人口在城市，在未来20年，亚洲和非洲也会出现这种情形。城市贫困的生活条件正破坏着他们的生活、健康、社会及精神价值(Miller，2016)；近二十年，每年因鼠疫感染死亡人数达6万(Cornwall，2016)。虽然发展中国家的城市活动当前对全球和地方环境的负面影响不大，但随着工业化与收入水平提高，城市环境压力日趋加大。

表2-1　中西方可持续性问题的不同侧重

	西方(以欧美为主)	中　国
经济社会发展现状	工业化、城市化成熟阶段；市民社会；公众较强的环境意识和活动；服务经济主导，粮食完全自足，生态退耕	工业化、城市化成长阶段；威权社会；基本需求导向的生产和消费方式；经济、环境、社会相互牵制，经济增长中的环境公害
价值前提	尊崇生态	增长导向："可持续发展的前提是发展"
理论	侧重政治参与，依据是风险社会中的技术不确定性、成本收益评估的不同立场	侧重技术导向，依据之一是"中国21世纪议程"的拟定任务委托给国家发展委员会和科学技术委员会
实践	侧重规划实施：生态现代化、需求管理、从实践到政策的环节	侧重技术方案：环保技术、粮食生产和效率、规划的技术过程
具体策略	侧重机构或制度型(公平型、更新)；技术型(效率、生成)	重点有扶贫、环保、自然资源共管、生态补偿等

2.2　国外相关概念模型研究回顾

为促进现实发展实践朝向更可持续的未来，荷兰、英国、加拿大等国家级研究机构曾经或正在组建一些跨学科研究团队，历时多年，试图对人类生态系统进行从概念模型到发展实践的系统探索(Hodge，1997)，在概念模型研究层面已有一些初步研究成果可供回顾评析。

2.2.1　强调模型的理论基础

近年来，经济、生态、资源环境、社会等学科，立足于本专业的理论传统和分析基础，向其他领域拓展，来解析人地系统，为可持续发展提供多种研究视角，并奠定坚实的理论基础。

1）来自经济学的理解

经济学在理解人类-环境的关系方面，有一系列概念性转变过程。传统定义上的经济学只是一种货币流，即适应商品服务流和生产要素(劳动力、土地、资本)流的一种货币流,其中的“土地”是广义上的环境的组成部分。到1970年代早期,对经济学的这一简单货币流模型的批评是,它忽视了能量/物质流、控制这些流的物质性法则以及资源对生态系统结构(或功能)的后向联系,为此而形成物质-能量平衡模型,并进一步演变为消耗-污染模型(图2-1,图2-2),这一模型主导了当代思维。甚至一些对资源环境的分析也基于消耗/污染模型(图2-3)。(Hodge, 1997)

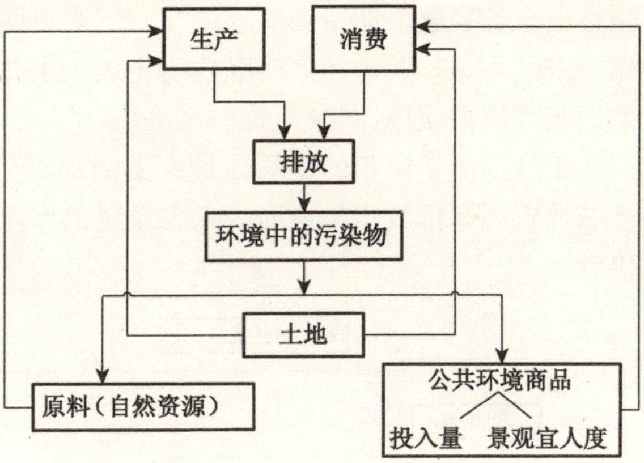

图2-1 经济-环境的关系模型1

图片来源:根据 Siebert H. Economics of the Environment. Lexington[M]. Massachusetts: Lexington Books, 1981:9相关内容绘制.

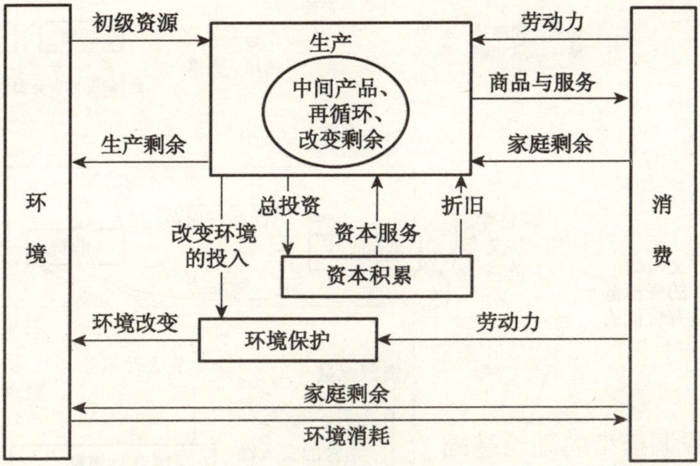

图2-2 经济-环境的关系模型2

图片来源:根据 Kneese A V, Bower B T. Environmental Quality and Residuals Management[M]. Baltimore: Johns Hopkins UP/Resources for the Future Inc, 1979:17相关内容绘制.

经济学对人类-环境的相互作用的描述主要体现在资源环境对生命的支持作用上。在各模型中,环境被视为一种提供物质、能量和审美资源的“资产”,并促使经济系统中的生产和消费活动。生产消耗和流通消费的结果是形成废弃物，并以污染回到环境。消耗-污染模型体现了经济学对可持续性概念的理解。即所谓的环境"问题"来自两个方面：关于资源使用（或误用、损耗、不足）；关于污染或废残物生成。由此，"环境问题"的对策是：资源的适当或慎重使用；减少污染。

单纯经济学视角的局限性是人类活动对生态系统的施加压力，不仅在于获取资源和排放污染方面。生态系统的作用远甚于只是能量和物质的提供者。

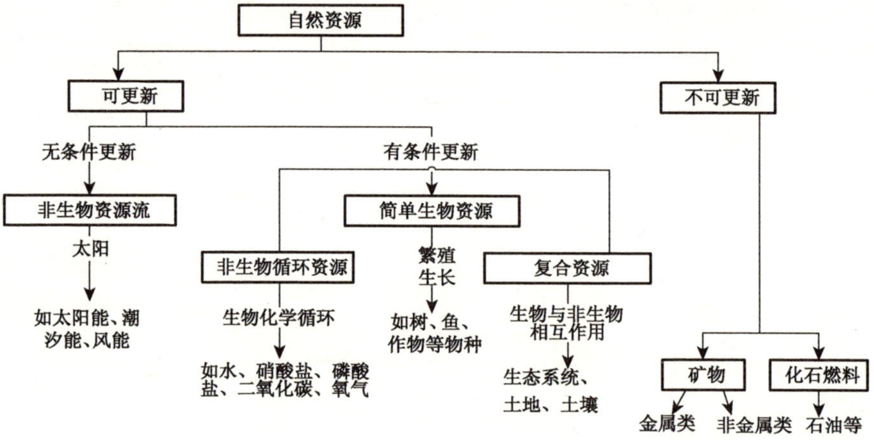

（a）自然资源性质的描述

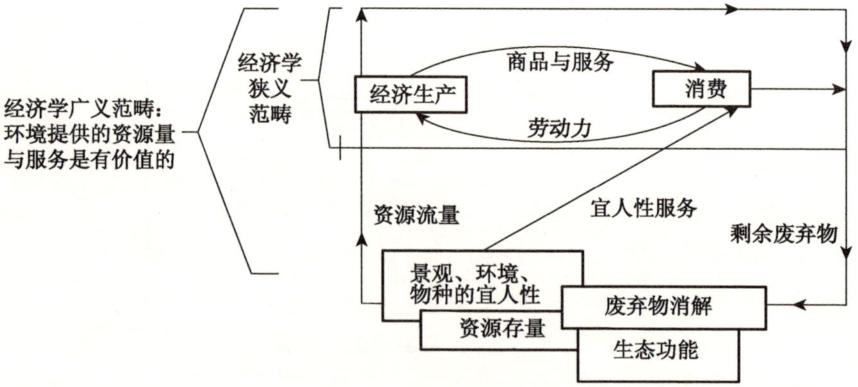

（b）资源存量、流量和经济的关系

图 2-3　自然资源性质描述和资源存量、流量和经济的关系

图片来源：根据 Young M D. Sustainable Investment and Resource Use-Equity, Environmental Integrity and Economic Effency[R]. Man and the Biosphere Series Volume 9, CSIRO Division of Wildlife and Ecology, Melbourne, Australia; UNESCO, Paris, France; Parthenon, Park Ridge, New Jersey, 1992:9-10 相关内容绘制.

2）来自生态学的理解

一般生态系统模型，即在生产者、多级消费者、分解者之间的营养级和能量流的关联和循环的过程，表现了生态学对人类-环境的关系的最基本认识。在此基础上，为深入反映人类-环境的相互作用，Dansereau 建立一个基于六种“营养级”（由上至下分：控制层、投入层、动物、人类物种、植物、矿物层）的生态系统模型，并构架于一个生态金字塔（由上而下：控制-投入-生产）之中（表 2-2）。Dansereau 生态系统模型的基础是各营养层次的资源投入和相应废弃物的产出。功能上，与经济学上的消耗-污染模型是一致的。

Miller(1978)为说明一个生态系统如何运作，提出“生命系统的一般理论”，生态系统分出七个层级——细胞、器官、有机体、团体、组织、社会、超国家系统。各层为一个开放系统，由子系统组成，处理各种形式的物质能量和信息的输入、生产和输出。

表 2-2　6 种营养级的要素、功能和所涉专业

营养级	要素	功能	所涉学科	所涉营养层
第六层 控制	娱乐	立法	政治科学	六
	文化	分配	法律	六
	教育	转化	经济学	五～六
	政府	规划	工程学	五～六
	财政	—	管理学	五
第五层 投入	工作	重建	地理学	一～六
	居落	引进	工程学	五～六
	建设	替代	建筑学	五
	流通	延续	社会学	五
	—	—	经济学	五～六
	—	—	心理学	六
第三～四层 动物层	动物	灾害	传染病学	六
	—	食物	野生动物管理	三～五
	—	生存	兽医学	三～四
	—	—	农学	二～五
	—	—	动物生态	三～四
	—	—	动物学	三～四

续表

营养级	要素	功能	所涉学科	所涉营养层
第二层 植物层	植物群落	灾害	设计	六
	植物	食物	农学	二～五
	—	替代	林学	二～五
	—	延续	作物生态学	二
	—	毁坏	植物学	二
第一层 矿物层	噪声	居住	医药学	五～六
	—	工作	社会学	五
	—	交通	工程学	五
	—	—	物理学	一
	水	水利	工程学	五～六
	—	排泄	农学	二～五
	—	水位	地理学	一～五
	—	补给	地质学	一
	岩石	休憩	经济学	五～六
	砾石	交通	工程学	—
	沙土	支撑	土壤学	一
	矿物	—	地质学	—

表格来源：根据 Dansereau P. Harmony and Disorder in the Canadian Environment[R]. Ottawa：Canadian Environmental Advisory Council，Environment Canada，1975. 相关内容绘制.

单纯生态学视角的局限性在于：涉及生命与非生命界的领域众多，内部各种关联纷繁复杂，难以与规划决策的实践相沟通。

3）来自资源环境学领域的理解

Walter Firey 的自然资源利用的理论构成了当前人地关系的概念形成的基础。30 多年前，Firey 提出自然资源的利用与三大类知识相关联，即：①生态学，以物质居落为出发点；②人种学，源自于人类文化；③经济学，始于与人类活动相关的稀缺性。他的三部分模型（生态、人种、经济）的主张，即在自然资源使用的分析中，要求三方面标准的一个平衡，是现代的普世思想。到 1980 年代末，该理论被许多人采纳以试图优化可持续发展的概念。在 1990 年代，三部分要素常指：生态或环境；社会或文化；经济。

国际自然保护联盟、联合国环境署、世界野生生物基金等在 1980 年发表的第一个世界保护策略（WCS-Ⅰ），提出“生态可持续性”的三个目标：①基本生态过程和生命保障系统的维持；②基因多样性的保存；③物种和生态系统的可持续使用。1991 年出版了第二个世界保护策略(WCS-Ⅱ),从生态维度扩展到人类维度,标志着一个重大概念转变,提出一个社会和生态的可持续条件:(1)保护生命保障系统和生物多样性;(2)确保可再生资源可持续的使用,不可再生资源消耗的最小化;(3)保持在生态系统的承载力之内。

一个局限是可持续发展并不仅是简单的资源保护和资源利用的概念。

4) 来自社会学的理解

分别从环境和社会两个立场研究社会与环境的关系(洪大用,1999):

(1) 环境立场。美国社会学学者邓肯应用一般生态学的观点,提出了"生态复合体"的概念。所谓"生态复合体"指的是人类、组织、技术和环境四者(简称 P、O、T、E)之间的某种交叉依赖关系。为使其更适合社会学研究,邓拉普和卡顿对上述模型进行修正,阐述了分析环境与社会关系的生态学框架。他们认为,核心问题是研究环境与社会间的相互作用,即必须回答以下两类问题:①人类、技术以及文化、社会和人格系统等变量是如何影响自然物质环境的?②由自然物质环境产生的变化,是如何影响人类、技术以及文化、社会和人格系统的?如何影响它们之间的相互关系?在后来的研究中,邓拉普和卡顿又在上述模型的基础上,提出"环境的三维竞争功能"概念,通过分析环境对于人类的三种功能(提供生活空间、提供生存资源和进行废物储存与转化)、三种功能之间的冲突关系以及这些功能与关系的演变情况,解释当代环境问题的生态根源(洪大用,1999)。

(2) 社会立场。主要以史奈伯格和汉尼根为代表。史奈伯格关于环境问题的解释模式被人称为"政治经济学的解释"。关注的主要问题是:环境衰退的社会根源是什么?究竟谁应对环境破坏负责?其理论内核是预设"社会与环境的辩证关系"以及提出"生产的传动机制"概念(洪大用,1999)。汉尼根则集中分析环境问题的社会建构过程,并列出了成功建构某个环境问题的关键任务。

5) 来自健康学领域的理解

医疗卫生领域专注于探讨人体健康的决定因素,认识的提高表现在对健康定义的不断变化过程中,进而演变为健康社区和健康城市的运动。这类模型见于 Hancock 的健康曼荼罗(图 2-4),健康社区的概念性框架,查证和表示健康决定因素间关系的概念框架(图 2-5),加拿大医药协会的健康-环境-经济的关联,加拿大健康统计体系的组织模板等(图 2-6)。

从人体健康拓展到人类发展，北美印第安医疗轮盘(图 2-7)提出原始地区发展的一个指导框架，框架表明个人和社区生活的四个要素：心智/政治，情感/社会，文化/精神，物质/经济，提出经济、社会、文化精神、政治组织四方面协同发展的要求。

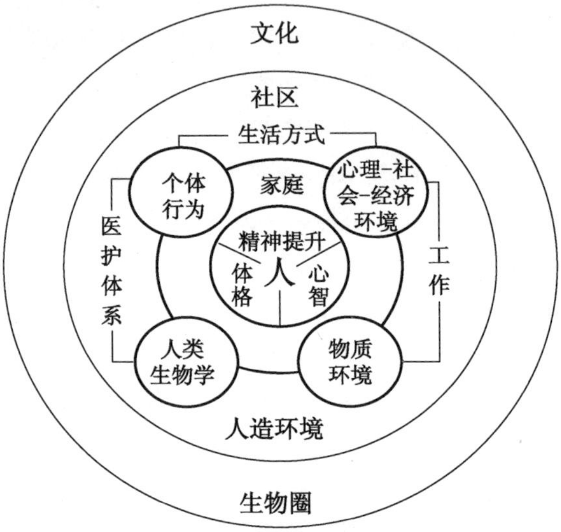

图 2-4 健康曼荼罗

图片来源：根据 Hancock T, Perkins F. The mandala of health: A conceptual model and teaching tool[J]. *Health Education*, 1985 相关内容绘制.

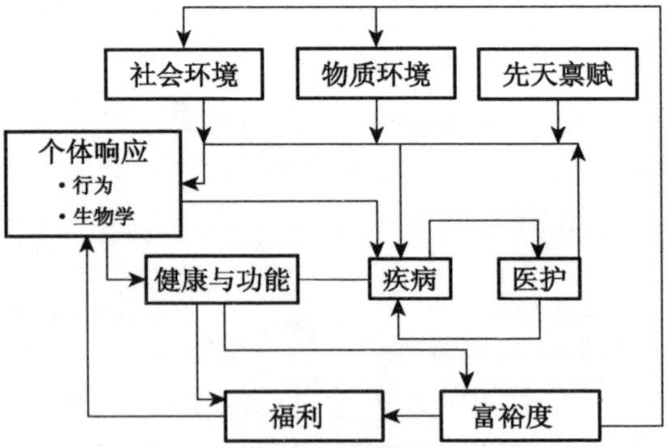

图 2-5 健康因子概念框架

图片来源：根据 Evans R G, Stoddart G L. Producing Health, Consuming Health Care[R]. Toronto: Population Health Program Working Paper, Canadian Institute for Advanced Research, 1990:51 相关内容绘制.

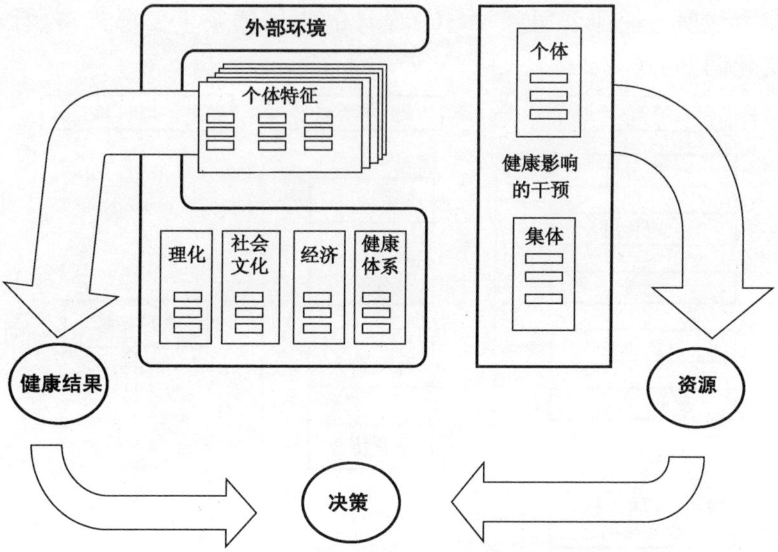

图 2-6 加拿大健康统计体系的组织模板

图片来源：根据 NTFHI. Health Information for Canada, Final Draft Report for National Task Force on Health Information[R]. Ottawa: National Health Information Council, 1991: 29 相关内容绘制.

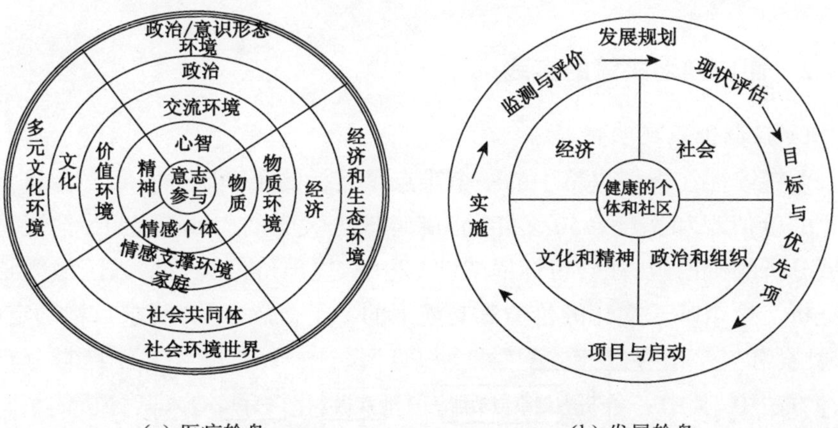

(a) 医疗轮盘　　(b) 发展轮盘

图 2-7 北美印第安地区土著居民改善和发展框架

图片来源：根据 DIPSC. Using Development Indicators for Aboriginal Development[R]// Development Indicator Project Steering Committee. Ottawa: Economic Development Staff Program, Indian and Northern Affairs Canada, 1991:21-23 相关内容绘制.

生活质量的概念根植于健康的思想。1960 年代和 1970 年代主要关注的是生活质量，工作重点是围绕社区的人居环境建设，构建“宜居性指标”，如加拿大住房与抵押公司(CMHC)设计的指标体系主要分经济、社会、环境和文化四部分(图 2-8)。

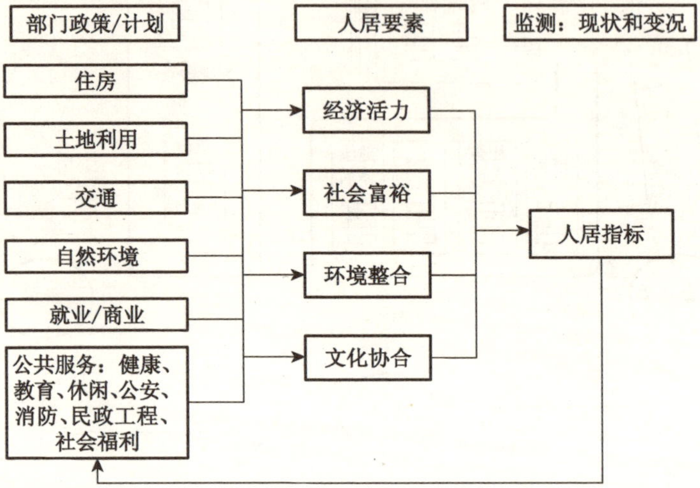

图 2-8　生活环境的社区导向模型

图片来源：根据 Murdie R A，Rhyne D，Bates J. Modelling Quality of Life Indicators in Canada：A Feasibility Analysis[R]. Ottawa：The Centre for Future Studies in Housing and Living Environments，Canada Mortage and Housing Corporation，1992 相关内容绘制.

2.2.2　面向规划决策的实践

1）强调价值观明晰

可持续性在规划决策中的一个难点是目标的不确定性。目标源自于多样化的价值观和态度。40 多年前，麻省理工大学的 Waler Isard 教授关于区域分析的价值观-社会目标框架(图 2-9)，提出价值观要溶入区域规划综合分析。这个基于文化的价值观支配下的一个概念方法，要求目标确定(政治、社会和经济)，并以此支配“社会核算”设计。在艾萨德关于区域分析的多种方法中，其中一条提出将目标价值近似量化表示，纳入其分析体系。由于当时社会体系设定目标的过程并不清楚，因而他主张必须改善社会学、心理学、人类学理论和方法，并认为基于价值的方法被有效应用之前，政治理论和行政分析必须有重大进展。

2）强调迭代循环的过程

规划控制发展过程必须运用一个反复迭代过程，不断从愿景拉回到决策操作。在一个时间框架内，为各年度的规划方案提供一个情境预测，分析

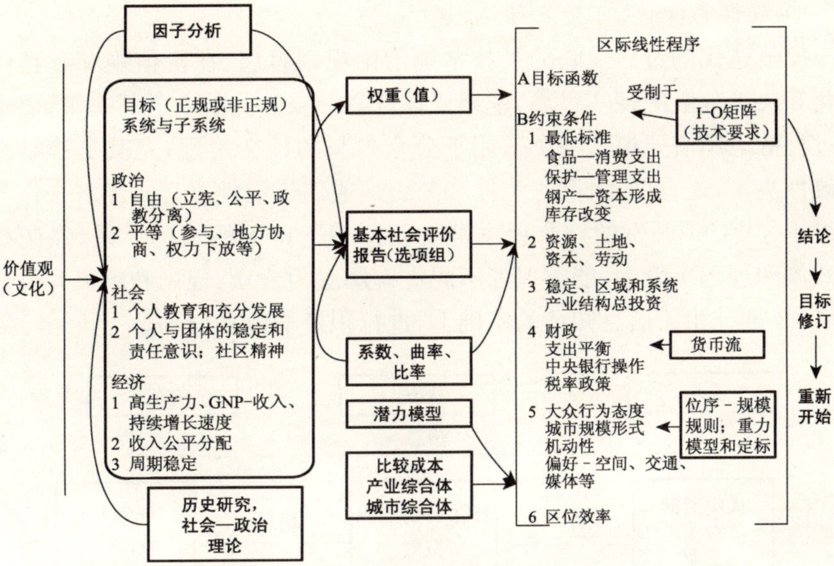

图 2-9 区域分析的价值观-社会目标框架

图片来源：根据 Isard W. Methods of Regional Analysis: An Introduction to Regional Science[M]. Cambridge: The M. I. T. Press, 1960:684 相关内容绘制.

随着时间变化，人类-环境及各自内部的相互作用，以在一定程度上避免或应对不希望的未来，建立期望的未来。

加拿大英属哥伦比亚大学的可持续发展研究院1988年启动了可持续社会项目，基于加拿大国家范围和60年跨度（1981—2041年），研究可持续社会方案的资源需求和社会经济影响。项目基于一种管治的信念，即社会必须主动选择和设计其未来，而不是被动应付。始于提出一个期望的未来，根据可实现性及其内涵来评估这一未来。由此运用一种倒推操作，主要是检查评定一种朝向、一个主动选择目标的特定路径的相对可行性。

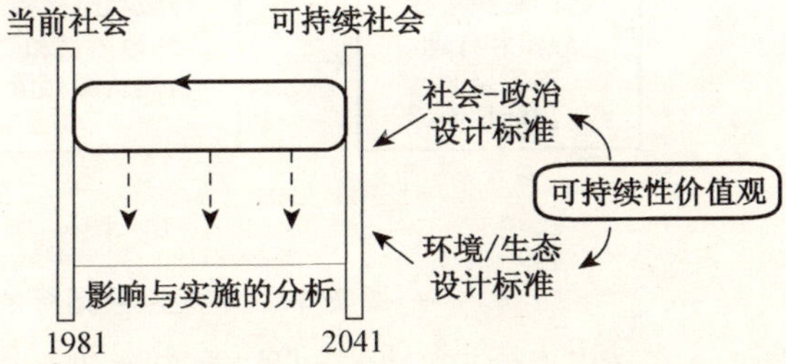

图 2-10 可持续社会项目的概念框架

图片来源：根据 Robinson J B. Exploring a sustainable future for Canada: The next step in the conserver society discussion[R]. Washington: Meeting of the Leaders of National 21st Century Studies, Institute for 21st Century Studies and World Futures Society, 1989 相关内容绘制.

3）强调易操作、可交互性

反复迭代的过程反映的是技术统治论规划思想，在价值观和利益体多元化和决策分散的现实世界，规划要在合意一致的基础上进行决策，要求技术过程的运用需要植入一个适用于公众参与的社会过程，尤其是战略性或争议性决策，这有助于探索、调停和共识达成的建设性过程。经济合作与发展组织（OECD）开发的一个概念框架及框架支持下的指标体系，强调在现行政策和规划决策中，能够保障不同规模层次的公众、规划和决策人员在对环境、政策等相关信息知情的基础上，进行积极响应和行动。

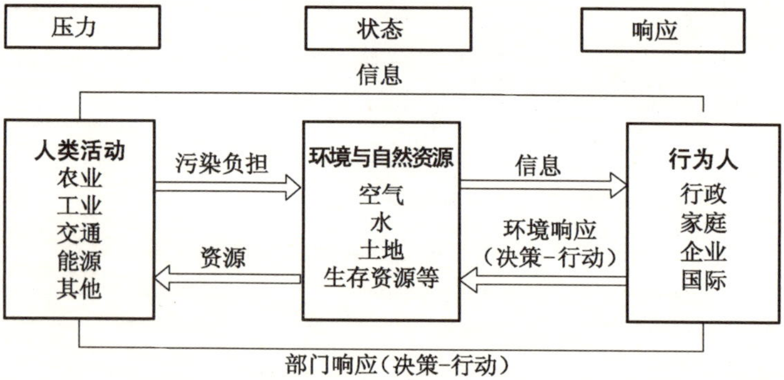

(a) 框架

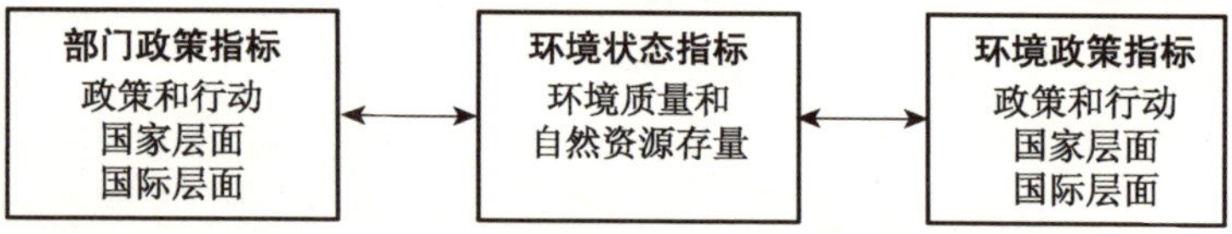

(b) 指标

图 2-11　环境进展指标的概念框架

图片来源：根据 OECD. Environmental Indicators: Basic Concepts and Terminology[R]. Paris: Draft Background Paper in Group on the State of the Environment, Environment Directorate, Organization for Economic Co-operation and Development, 1993 相关内容绘制.

2.2.3　跨专业与跨领域沟通的努力

国外针对概念模型的文献回顾表明，尚未形成一致公认并共同使用的概念模型。“如果任何概念性框架能成功的话，它必然是建立在能支撑和沟通不同专业既有概念性方法的基础之上”（Hodge, 1997; Boyko, et al. 2015）。

1）跨专业研究的沟通

1980年在美国成立长期生态研究（Long Term Ecological Research，简称LTER）网络，构建生态系统动态变化研究框架（刘力，2001），框架是对生态系统研究方面富有成效的20多个站点研究经验的总结：它们共同考虑了两类变量，一是自然要素（地质基础、气候、水文过程、物种和其他地理要素），二是与人类活动相关的要素（土地利用、物种引进、资源消费、废弃物生产等）。在此基础上，又构建了更为一体化的城市生态系统概念模式，并被应用于巴尔的摩和凤凰城的生态系统研究中。

景观生态研究致力于空间格局与生态过程的交互作用，也推进了系统整合理论研究，较有影响的有美国马里兰州 Maryland Patuxent 河流域的生态经济模型（赵庆建，温作民，2010），该模型由一些生态和经济之间相互关联的子模型构成，其中生态系统的模型主要是基于 Costanza 和 Fitz 等在1990年代初开发研制而成的 Maryland Patuxent 流域的景观模型，经济系统部分则采用系统动力学方法模拟了流域土地利用格局的变化。模型用以分析了一些交互的生态和经济因子的变化对流域周围的景观演替格局的影响。

2）科学领域与政策领域的沟通

这方面的努力涉及市政压力管理的一般模型（图2-12），公共政策设计上的人—自然的互动关系的监测（图2-13），可持续发展和环境、社会经济和自然资源政策的一个信息系统框架，国家核算中的一个“复合”法的框架，OECD的决策人信息分析结构（图2-14）。

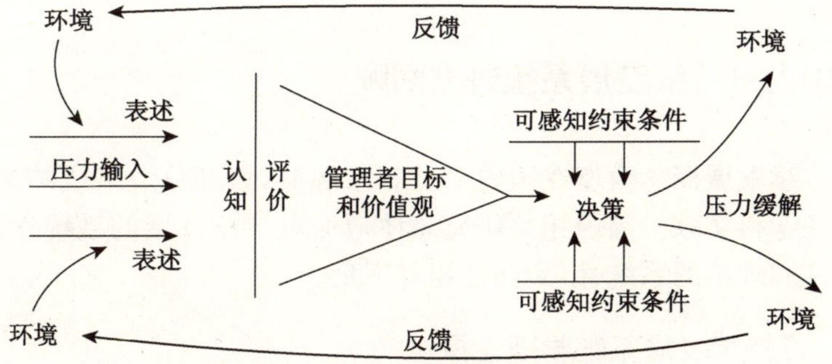

图2-12　市政压力管理的一般模型

图片来源：根据 Kasperson R E. Environmental stress and themunicipal political system[C]// R E Kasperson, J V Minghi. The Structure of Political Geography. Chicago: Aldine Publishers, 1969 相关内容绘制.

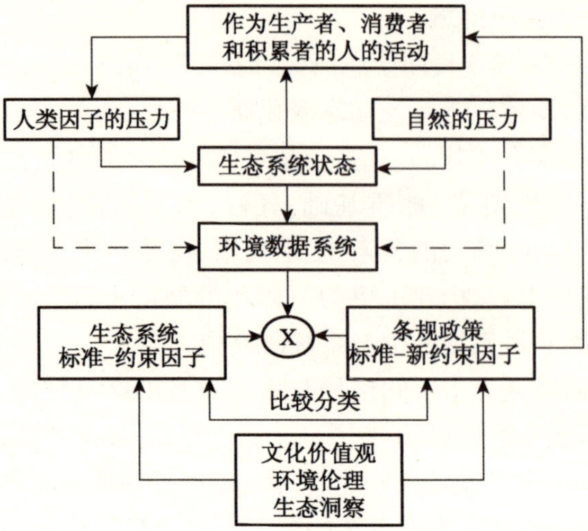

图 2-13 公共政策设计上的人-自然互动关系的监测

图片来源:根据 Rapport D, Friend A. Towards a comprehensive framework for environmental statistics: a stress-response approach[R]. Ottawa: Statistics Canada Catalogue 11-510, Minister of Supply and Services Canada, 1979:64 相关内容绘制.

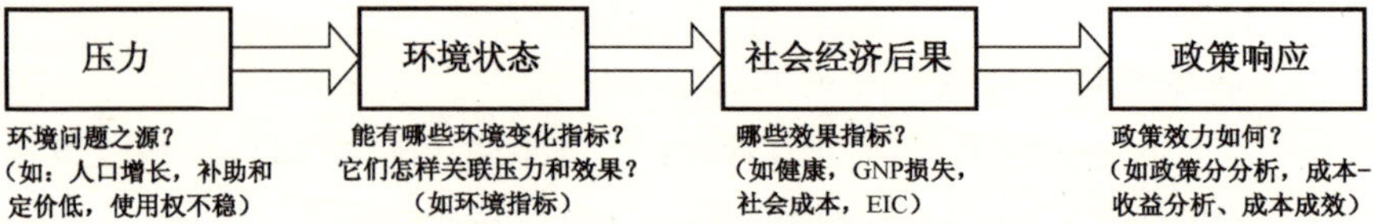

图 2-14 OECD 的决策人信息分析结构

图片来源:根据 Pearce D W, Freeman S. Information requirements of policy decision-makers [J]// Proceedings of the Environmental Information Forum[C]. Ottawa: State of Environment Reporting, Environment Canada. Minister of Supply and Services Canada, 1992:63 相关内容绘制.

2.3 国内可持续发展系统研究回顾

可持续发展概念模型在国内未见有系统探讨,部分成果或结论常零散见诸于各学科文献。国内相关研究总体遵循可持续发展的系统学思想,注重整体性和理论的系统性,实践性相对不足。

2.3.1 可持续发展系统学理论探讨

1) 可持续发展系统学研究

主要代表是中科院可持续发展研究组提出可持续发展的五大支持系统:生态-发展-环境-社会-智力。提出以“发展度、协调度、持续度”衡量国家和区域的可持续性。可持续发展系统学侧重层次特征，导致一个局限性，具体运用中，通过子系统形式将复杂问题分解并深入下去，可能陷入“还原论”思想框架，有违系统的整体关联性的根本要求。

2）生态学领域研究

生态学家马世骏、王如松运用生态系统理论解释可持续发展的三维模式，提出“自然-经济-社会复合生态系统”。该系统以人为中心，构成社会子系统、经济子系统和自然子系统（马世骏等，1984）。

城市可持续能力的维系有赖于对城市环境、经济、社会和文化因子间复杂的人类生态关系的深刻理解、综合规划及系统管理（王如松等，2012）。城市系统问题主要有以下三类：①“流”的问题或资源开发利用的生态问题；②“网”的问题或复合生态系统的结构布局问题；③“序”的问题或复合生态系统的功能问题。

3）地理学领域研究

地理学研究可持续发展，多从人地关系入手，往往立足于一个具体区域，从区域“诊断”到“处方”的全过程，最终要提出各种发展模型。陆地系统科学和人地相互作用潜力是区域可持续发展的理论基础（黄秉维，1996），区域可持续发展主要是规划、监测和调控区域的系统演进（申玉铭等，2007）。

许多学者认为，区域可持续发展研究对象是区域人口、资源、环境与经济发展（简称为 PRED）系统（秦耀辰，1997）。近来，有学者认为，PRED 系统的局限性有：①PRED 系统将可持续发展的“目标体”和影响目标体的“因素”混淆；②PRED 系统中的“发展”不是其所依赖的全部系统要素的发展；③PRED 系统中“PRE”“D”无法分别与“地”“人”形成对应科学关系。有学者结合可持续发展原理，提出持续圈与发展圈相互作用的理论思想：①持续圈，包括资源持续圈（S_R）、生态持续圈（S_N）和环境持续圈（S_E）；②发展圈，包括人口发展圈（D_R）、经济发展圈（D_E）和社会发展圈（D_C），发展圈与持续圈的相互作用；③协调圈，用协调圈 C 来调控从发展到持续的程度（方创琳，2003）。

从区域到城市，城市可持续发展是一个时空复合的反馈-调控过程，其内涵具有空间性、时序性、约束性、区域性和反馈与调控性。基于系统协调发展的思想，地理学的研究相对集中于城市可持续发展方向（顾朝林，1994）、空间增长演变与模拟等方面。

总体上，地理学将可持续发展系统描述为抽象的人-地系统、社会-经济-

自然复合系统和PRED系统，这一系统框架在理论上是完整的，但在认识论上是难以把握的，因而对可持续发展系统的调控能力不强(刘力，2002)。

2.3.2 可持续发展实践领域

1) 城市可持续发展的系统评价

国内众多城市区域可持续发展评价，其指标体系的构建基本遵循上述可持续发展系统学的认识，主要按经济-社会-环境三领域指标体系展开，总体以发展系统的基础-过程-潜能为评价主线，以发展现状-发展协调度-发展力度为评价思路。指标体系是建设在复杂系统的整体模型基础上，研究者大多选择要素的等级结构模型体系。这类模型能将复杂系统分解简化，使之易为决策者所理解和接受；因此，整合不同模型的模块化框架被认为是国内可持续发展系统分析和提供决策者所需信息的最佳方式。

这类评价思路，虽一定程度上反映了区域或城市静态的发展状态，但无法查证影响因素的作用过程，并评价其未来发展的潜力，由此难以发挥系统调控的功能，丧失了指标评价的政策功能。

2) 城市可持续发展的其他评价

借鉴自国际通用模型的评价理念，国内正在兴起对许多新型评价模型的实证运用。如源于1960年代化学工程领域的生命周期评价(LCA)，建立物质代谢与环境影响之间的关联，正被用于城市的产业与建筑系统内的物质流的分析；运用国民经济系统的物质账户概念框架，评判城市物质效率，反映城市的物质消耗强度和物质消费程度；运用城市生态足迹的评价框架，评价城市人口的功能性支持区域的大小。

3) 区域可持续发展规划模型

如柴达木盆地的可持续发展规划模型，黑河流域的水资源承载力模型，模型通常都有比较完善的经济系统子模型，但仅考虑几个与经济问题关联密切的环境变量的变化趋势，缺乏对生态变化的机理和过程的具体描述(徐中民等，2000)。

4) 城市规划实践领域

梁鹤年提出生态主义的城市理想原则，是生态完整性和人与自然的生态连接，而中心思想则是“可持续发展”。黄光宇等(1997)对可持续城市的生态学表述：根据生态学原理，综合研究社会-经济-自然复合生态系统，并应用生态工程、社会工程、系统工程等现代科学与技术手段而建设的社会、经济、自然可持续发展，居民满意、经济高效、生态良性循环的人类住区。朱锡金(1994)视人类住区为生态单元，即包含自然生态系统的复合生态系统，具有吸纳、产出、自调、御害的功能。

为系统地将城市引导至更持续、更健康、更智慧的未来，规划界从城市与自然的关系，到城市内部的几大关键方面：建筑及公共空间、食品供应、交通、给排水、能源，提出城市转型发展的原则、策略和各种方案。

2.4 城市科学研究回顾

城市是人类高强度开发的空间，是地球表面人地矛盾最为突出集中的地理空间，城市与物质环境的相互作用是未来二十年自然和社会科学家的重大挑战之一。理解和充分说明其中复杂的相互关系，对合理的政策和决策至为关键。

在经济学、生态学和系统科学等建模传统上，整体模型成为当前城市可持续性研究热点。但大部分操作性城市模型都根源于城市经济学理论。如当前流行的城市元胞自动机模型，其建模思想为：①城市的时空变化是微观个体选择的微观互动和多方面作用力行动的结果；②微观个体选择是以“经济人”假设为前提，即土地所有者和家庭都追求经济收益的最大化；③在此基础上，将行为人选择的微观模拟、物质演化过程、空间外显的地表上垫面变化的动力等进行整合。

归纳起来，有四种价值观支持城市概念构模：①经济价值观。以利为先，由市场竞争来决定土地等资源和要素的最优化配置。②社会价值观。城市要为所有市民提供好的生活环境，通过决策行动形成人们理想的活动形态。③生态价值观。强调维护自然系统的完整，减轻城市活动对环境的影响。④可持续发展观。强调自然-经济-社会三要素协调发展，按这一价值取向，模型建构一般是在保证资源配置效率最优基础上，再考虑生态约束和社会效益。这样大部分操作性模型以“经济人”为前提假设，微观个体(土地所有者和家庭)行为选择追求经济收益最大化，这种以标准经济学范式为基础的分析实质仍体现经济优先思想。

通过对不同历史时期各种城市理论流派的分析，可以将对城市概念的认识提高到最基本的层面上来，从而有助于澄清、推进自己的概念。凯文·林奇(Kevin Lynch)将城市理论分为功能理论和规范理论两个范畴。功能理论涉及城市是如何运作;规范理论涉及什么是城市的理论。本书就按这种理论分类方法分类回顾。

2.4.1 功能理论(城市如何运作的理论)

1) 城市作为系统

Brian Berry(1964)在《城市系统中的城市和系统》一文中,提出城市是具有独立部分的实体,可以像其他系统一样来研究。"城市是一个跨越地区边界、多领域、跨越地域尺度的社会-生态-基础设施系统,并且涉及主体多元、认知角度多样"(Ramaswami, et al. 2016)。一些研究城市化的理论家,如 Eric Lampard(1961)主张研究重点要从单个城市转移到产生这些城市的广泛的社会进程上。

2) 城市作为经济的发动机

Jane Jacobs(1969)在《城市经济》(*The Economy of Cities*)中详尽阐述了城市是如何产生发展的理论。许多城市历史学家,如 Eric Monkkonen(1988)在《美国成为城市》(*America Becomes Urban*)中同样强调了城市精英的作用和城市有效引导基层政府活动的方式。

3) 城市作为交流网

这些理论包含了从物理意象——城市像磁场或引力场吸引着作为粒子的人类,到有关人、货物及服务的移动的理论(运输研究),再到象征性互动问题,即"解读"城市方式的理论。

Peter Hall(1998)在他的《文明中的城市》(*Cities in Civilization*)一书中阐述了关于社会交互作用如何产生文化创造性、技术革新、庞大的人口的有效组织的。

4) 城市作为竞争的空间

理论家们已经从基于相似性或同一性基础上的社区概念转变为与阶级、种族、民族和性别相关的社区概念。以新马克思主义者 David Harvey 和 Manuel Castells 为代表,他们认为城市以阶级为基础,但他们当前开始转向关注对资本主义和信息技术趋势的分析上。《城市历史杂志》(*Journal of Urban History*,1995)就是有关美国黑人和城市问题方面的理论与历史文献的例子。

性别研究是当前挑战城市如何运作的传统观念的最具活力的新研究。例如,Susan Squire(1985)的《弗吉尼亚·伍尔芙与伦敦:性别政治与城市》(*Virginia Woolf and London: Sexual Politics and the City*)一文,表现了伍尔芙是如何用一个经女权主义修改而来的基本策略，将一个不同于主流的视点，把以前被男人视为不重要的边缘问题重新构建为中心的 。

5）城市作为人造环境

这是一个理论变化迅速的广阔领域，包括了政策制定理论、新规划和建筑学理论。还有来自于斯坦福大学经济系的路径依赖理论——过去的状况决定并限制目前的决定，它在 Martin Melosi（2002）的《卫生城市》（*The Sanitary City*）中也被阐述过。

6）城市作为个性

城市历史传记研究虽然不很成熟，但却广受欢迎。社区通常被视为一个具有鲜明个性的整体，如 Edwin Burrons 与 Mike Wallace 合著（1999）的《哥塔门》（*Gotham*），文中纽约被视为一个充满活力的实体，基因中具有做买卖的头脑和不择手段的行为。还有 Peter Ackroyd（2002）的《伦敦》（*London*），也描述了一个以炫耀和物质至上主义为核心的城市。

7）城市作为舞台

这实际是一个与城市共轭的理论，但却代表了城市理论的许多东西。城市仅是一个舞台，一个上演有趣现象的消极被动场所，如阶级结构，大规模的、冷漠的经济、政治、社会力量，以及成千上万的个人或群体的决定。主要倡导者是英国历史学家 Philip Abrams，他认为（1978）城市只不过是历史进程中主要演员之间发生主要关系的场所。

2.4.2 规范理论（关于城市是什么的理论）

"城市是什么"的理论与具体时代流行的文化模式有密切关系，有时从城市规划和建设的实践中可以探知这类理论。

1）城市作为宇宙的象征

城市必须反映和象征宇宙的秩序，这种思想历史最为悠久、最为普遍。如中国的《周礼》，详细记载了城市的选址和准备工作，城市的方位取向、布局及主要结构的位置。城市作为象征的最好典范之一是汉、隋、唐三朝的长安，后来明朝建造的北京城也沿用了长安城建造中所开创的许多宇宙学成分。用这种理论规划的印度城市也有详细的历史记载。罗马城建立在神学法则基础上，它的直角布局和方位取向是由与宇宙相关的想法决定的。这也成为欧洲和北非许多地区城市建造的基础。在古代美洲，特奥蒂华坎城（Teotihuacan）正方形布局就是精心地按照天文学理论定向的。

2）城市作为世界的中心

除了中国历代首都外，其他地方早期宗教思想的影响全面减退，取而代之的是更为世俗的政治、经济、战略因素的考虑。在这一阶段的代表城市是帝国时代的罗马城，当时罗马既作为城市又作为帝国，真正统治着西方世界。当时知识界人士，比如诗人维吉尔和历史学家李维提出了这一理论。它本质上是应用希腊大都会的概念，即处于广袤无垠的帝国中心的母亲城。罗马以军事控制为基础，通过精心设计的新殖民城市系统把罗马法律和文化传播到帝国的各个角落。

一个现代版的罗马城是自 17 世纪以来的伦敦，它在许多时代都是伟大的帝国中心。正如罗马城当时的情况，伦敦的力量也在于它的军事基础(英国海军)，通过殖民城镇的代理机构，从纽约和贝尔法斯特到哈利法克斯和加尔各答，实现它的经济统治和文化传播。其他主要的伦敦型欧洲城市有巴黎和马德里，甚至还有阿姆斯特丹和里斯本，每个城市在世界其他地区都有自己的殖民城镇。

这种关于城市理论的基本要素可以在现代“都市主义”的概念中找到，加拿大历史学家 J. M. S. Careless 的解释最有说服力。他认为(1989)大都市创造它们自己的帝国，即“一个封建隶属链”，例如区域中心城市温尼伯在加拿大西部是亚都市中心，但同时却从属于主要城市多伦多和蒙特利尔。

3）城市作为机器

这一观点似乎是历史进程中最被普遍接受的观点，但在概念上却是最缺乏研究的。城市作为机器既不神秘又不神圣，而是一个不具任何宇宙意义的实际的、世俗的地方。它是一个人工创造的，人的主观能动性的产物，而非自然生长。17 世纪数学、物理学科的发展和牛顿、笛卡儿的观点给一个理性的、有序的宇宙存在提供了理论基础，而城市正反映了这种独特的、有序的观点。城市作为机器的观点成为当今世界上大多数城市建设和重建的理论基础，尤其体现在豪斯曼(Haussmann)对巴黎的改造上，这也是这种城市理论的最好样板。豪斯曼认为“现代城市是交换的场所，是从一个生产分工领域向另一生产分工领域移动的场所，是把这种移动和交换进行机械啮合的场所”(Higonnet，2002)。林荫大道、火车站、自来水厂、都市改建，都是这个过程的组成部分。

城市作为机器的观点在 20 世纪也有很强的生命力，最好的例子包括罗伯特・摩西(Robert Moses)改造纽约城，勒・科布西耶(Le Corbusier)对笛卡儿城的设想。机器的比喻继续成为当今大多数都市建设实践的基础，从土地再划分到区域划分。

4）城市作为生物体

20世纪最流行的城市规范理论是城市作为生物体理论。城市是一个生物，具有确定的界限、最佳规模、不可分割的内部结构。这种观点可以追溯到亚里士多德时代，但现代理论却是以自然科学为基础的，尤其是生物学。由 Robert Park 和 Ernest Burgess 为首的芝加哥学派社会学家从学术方面对这一理论作了最详尽的阐述。许多历史学家发现这种方法在他们对城市内部组织的研究中仍然有用。Leo Schnore 在《作为社会生物的城市》中对芝加哥学派的方法做了最好的概括(1969)，文中详尽地描写了城市和生物体的相似之处(G·斯蒂尔特，2003)。这种方法被 William Cronon 结合环境主义充分应用于他的《自然的都市》(*Nature's Metropolis*，1991)中，城市被视为大自然的一部分。简·雅各布甚至进一步深化这一方法，在她的《经济的本质》(*The Nature of Economies*，2002)一书中，她提出城市和城市经济不仅像生物体，而且还要受到大自然的支配。

5）城市是星座

传统的规范理论中没有一种能足以代表现代城市化中未涉足的领域，在这些领域里传统城市的提法，甚至传统城市的存在都受到质疑。这种新的理论形式已经提出一些术语，包括原子(atom)、城市场(urban field)、大都会(cosmopolis)和非场所城市领域(nonplace urban realm)。采用"星座"一词，这个词暗含许多中心，而不是古老的等级制的太阳系结构。

目前有一种正在形成的理论，其中有两个因素值得一提。第一个来自于文艺批评家 Christine Sizemore 的《一个女人想象中的城市》(1989)(G·斯蒂尔特，2003)，文中探讨了五位女小说家的观点，她们都把伦敦作为小说的场景和主要特点。她得出的结论是我们可以超越当前男性统治的理论而达到一个没有等级、接受各种人、接受矛盾冲突和变化的理论。她认为一种多维的基本理论能最好地象征这种城市。第二个因素是对分散现代城市中心这一概念所进行的一系列尝试。大多数最近的文献把洛杉矶学派描述为这种新型城市化理论的先驱。洛杉矶学派作为西方城市理论研究中心取代过时的芝加哥学派。洛杉矶学派发表了《城市：洛杉矶与20世纪末城市理论》(*Gity: Los Angeles and Urban Theory at the End of the Twentieth Century*，1996)。这个学派的一个成员，Michael Dear 声称所有旧模式都不再适用,“中央核心不再控制腹地地区”。

2.4.3 小结

城市各种理论模型虽然具有明显的客观性,但大多具有高度的价值取向;虽然有一定的普遍性,但同时受时代和文化的限制,尤其是功能理论,仅仅思考的是现代的城市,缺乏对城市的历史思维。尽管如此,城市理论家们提出的这些理论,有助于人们从“城市”这个貌似杂乱无章、无法理解的现象中理出头绪来。

另外,从上述文献回顾可以发现许多理论流派对城市的解释都采用了“隐喻”的方式。“隐喻”的应用对模型形成有重要作用。运用“隐喻”,可以提供一个简洁、直接的描述事物特征的方法。尤其对于城市复杂构造,有助于认识和理解城市统一体的功能和关系。

3 概念模型构模基础研究

概念模型是对现实世界的抽象和简化。实质是认识主体的观点和认识客体的科学性要求相结合的产物，概念模型要解释现实世界必然面临的两个主题：价值的多元化和系统的复杂性。主体的认知和观点的价值观影响其解释结果；可持续发展系统的复杂性和不确定性，与科学性、客观性要求相矛盾，这又对系统思维提出了挑战。

理解可持续性问题，首先要面对两大难题：①价值取向问题。由于价值标准存在时序可变性和空间不一致性，加上发展的多维性，对可持续发展价值标准存在天然的模糊性。②系统认识问题。即对复杂人地系统的科学描述（是什么）、解释（为什么）和调控（如何做）。可持续发展由于涉及政治、社会、文化等要素，是科学实证主义研究范式所力不能及的。

由此可见，清晰的价值判断和对复杂系统的科学理解是可持续性概念模型建构的两个前提条件。前者与概念模型的理论范式相关联，后者涉及可持续发展系统观的再认识。

3.1 概念模型理论范式研究

3.1.1 科学研究的“范式”概念

1）从实证主义到证伪论

传统的科学方法论接受逻辑实证主义的假设，即现实世界是统一的，并依据严整的因果律运行，科学研究的规则也是统一的，像数学法则一样永恒不变。实证主义的核心观点是“知识起源于观察和归纳”，认为科学研究的目的是证实理论。通过对事实的经验观察和归纳，并对事实与理论的相符程度进行评判可以达到这一目的。

科学哲学家波普尔对此的修正始于“知识起源说”。科学知识始于各种“问题”，而非经验实证主义所述的源于经验观察和归纳。问题引起人们的思索、探究，促使作出各种假设式的问答，然后通过事实证伪而形成知识。波普尔“自由想象优于经验观察”的命题，强调自由想象是科学创造的重要的非理性因素，从而否定实证主义关于“观察优于想象”的原有命题。波普尔的“证伪理论”认为：①实证主义的错误在于，只强调理论的可证实性，只注意搜集肯定的事例，轻视否定的例证。②科学与非科学是以这个理论是否可证伪（或否证）来区分的。现代学者提出自己的理论不是期待被证实，而是期待它们被证伪，以便修正旧理论或提出新理论。

2）从证伪论到“范式”概念

库恩在对波普尔的证伪法进行考察时发现，在研究的最初阶段——“自由想象”或“大胆假设”时，不同的研究者，由于不同的知识结构、社会背景、历史背景，可能会有不同的“想象”（或“假设”）。库恩用“范式”这一概念来表示这类现象。范式是思维的模式，是研究问题、观察问题时的角度、视野和参照框架。它由一整套概念和假定组成，反映科学家看待世界、解答问题的基本方式。

范式变化偶尔是跳跃性的、革命性的。规范科学是日复一日积累的结果，这种积累以过去的工作和谜的解开为基础，并提炼出适用于某学科所有科学家所公认范式的各种模型。放弃一种范式而支持另一种范式，将改变一门学科内所有科学家的整个知识基础，这就是库恩的所谓“科学革命”的理由。新范式依赖其自身的判断标准。不同的历史时期，不同的科学家集团有不同的研究范式，因此科学研究的方法论规则并非统一、规范的，因人而异，随历史发展而变化。库恩用“范式”概念进而分析科学的历史发展过程，并发现各门学科的发展都要经历以下阶段：前科学阶段——常规科学阶段——科学革命阶段——新的常规科学阶段……

库恩方法论思想的启示：①将社会历史观和非理性因素引入科学和科学研究过程，打破“科学万能论”，完善波普尔的科学发展观。“自由想象”受科学家思维模式局限，如同透过有色眼镜看世界，科学研究所发现的只是相对真理。科学理论是通过不断否证发展，科学研究的模式或方法论规则也同样通过实践检验而发展。②“科学发展阶段论”说明：存在多种方法论或研究范式。一种范式只有当它能有效解决某一学科领域所有新问题时，才能为多数科学家所共同接受。由此看出，目前可持续发展的科学研究尚处于前科学阶段或科学革命阶段。

3.1.2 可持续发展模型观点

可持续性概念缺少精确的表达，是广泛意愿的一种阐发。面对当前由人类活动引发的世界自然的崩溃，和对自身及其后代的生活条件的严重威胁，“可持续性”概念表达对当今社会的一个重要经验和问题意识(Bosshard, 2000)。历史表明模糊是范式诞生时的特征(库恩,2004)，是全世界文化认同和广泛传播的一个前提条件。可持续性伴随社会行为朝向人与自然环境的历史的独特转型，有可能成为社会文化范式的新革命(Bosshard, 2000)。

可持续发展的实质是协调人与自然的关系。人地关系是其核心，国际上关于人地系统的可持续性概念模型早有研究，主要集中在经济、资源环境、地理、规划等领域。不同的学科有不同的分析思路。模型是对系统的抽象，离不开一定的观点和概念，每种分析都始于一套前提假设，即库恩的“范式”概念，经济学家熊彼特则称之为预分析观点(vision)，即分析者在系统分析前所持的价值判断(态度或总观点)，价值判断是认识现实和明确目标的一个起点。可持续性概念模型的价值前提实质是对经济、社会、环境三要素的发展优先序的设定。由此，可持续性概念模型分经济优先、三要素平衡、生态优先三种。

1）经济优先的模型

标准经济学的价值前提：经济是一切，社会次之，环境再次之。立足于经济优先的前提假设，经济学在理解人地关系方面，也经历了一系列概念性转变。传统定义上，经济系统是主要围绕生产(公司)-消费(家庭)之间的一种价值流，它独立于自然环境之外(Jacobs, 1993)(图 3－1)。1970 年代早期，为更真实地表现环境与经济系统的关系，经济学界将这一简单流模型改造为物质-能量平衡模型(Freeman, et al., 1973)(图 3－2)，从价值流扩展到能量和物质流。随后又演进为消耗-污染模型(图 3－3)，认为经济系统主要通过摄入原料和排出废弃物，与周围环境发生关联。

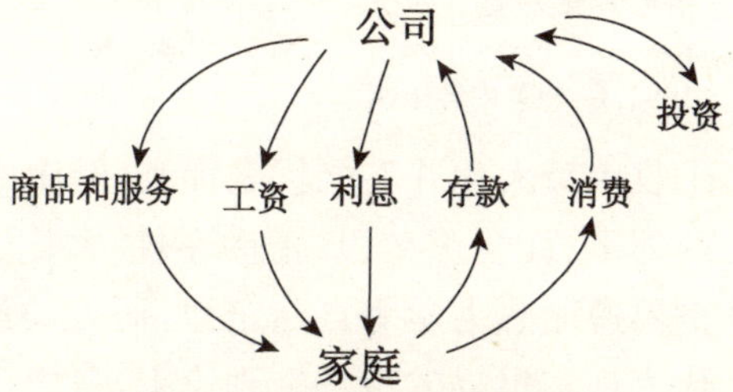

图 3-1 经济的经典图解

图片来源：根据 Jacobs M. The Green Economy: Environment, Sustainable Development, and the Politics of the Future[M]. London: UBC Press, Vancouver, 1993:13 改绘.

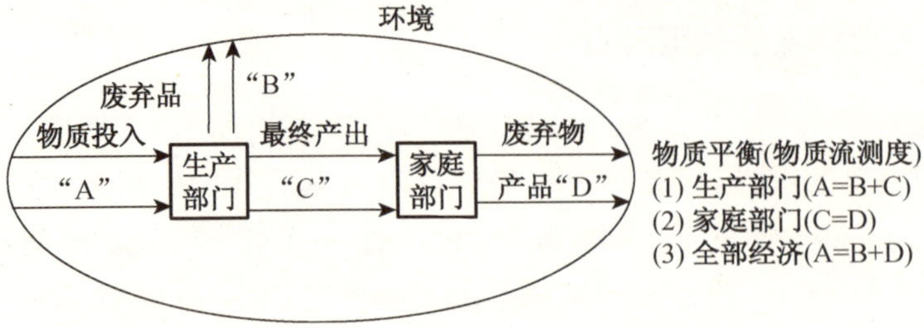

图 3-2　物质平衡与经济

图片来源：根据 Freeman Ⅲ A M, Haveman R H, Kneese A V. The Economics of Environmental Policy[M]. New York: John Wiley & Sons, 1973:12 相关内容绘制.

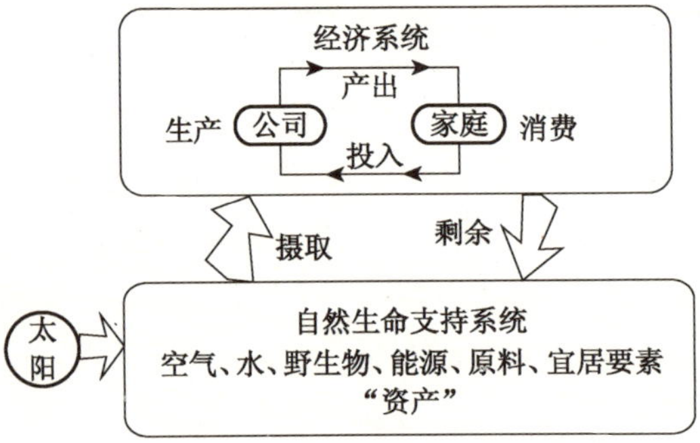

图 3-3　经济-环境的关系模型 3

图片来源：根据 Tietenberg. Environmental and Natural Resource Economics[M]. New York: Harper Collins, 1992:19 相关内容绘制.

这类模型的概念是不全面的，人类活动对生态系统施加压力，不仅在于获取资源和排放污染。生态系统的作用远甚于只是能量和物质的提供者。同时，经济优先类模型将自然环境作为外部性存在，环境问题的对策必然是将环境内部化进经济系统。当前经济优先的价值前提受到了广泛的质疑，主要的批评如：①收入最大化并不能代表福利(健康的环境、自然的美感、稳定的社会、安全的邻里、社会正义、归属感等)最大化。②不能反映物质世界的现实。物质世界遵循热力学等自然定律，而人类经济规律应服从自然规律。③也不能代表现实世界的市场。理论上，自由市场达到竞争性均衡表示效率最优，但这一状态的实现依赖于现实所不存在的一些理想条件。④模型与现实的错位。经济学应该调适自己的模型适应现实世界，而不是想改变现实世界来适应其理论模型。

2) 三要素平衡的模型

要求经济-社会-环境三方面标准的一个平衡，是现代的主流思想。强调可持续性依赖于环境、经济和社会体系间的关联。这类对可持续性系统模型的分析主要集中于资源、健康、发展规划等领域。

(1) 自然资源使用。三要素平衡发展思想最早源自 1960 年代 Walter

Firey的自然资源利用论，提出自然资源最佳使用要符合生态、文化、经济最优的三个标准。

(2) 健康与社区。在1970年代早期，世界卫生组织(WHO)关于健康的定义中提出环境的作用，1980年代，从人口健康转到重视全民健康，以及健康改善过程中的能力建设。这时期在欧洲、北美的地方层面形成一系列健康社区和健康城市的项目。这期间Trevor Hancock提出健康及健康社区的概念框架(图3-4)，对早期健康社区活动有重要指导作用。

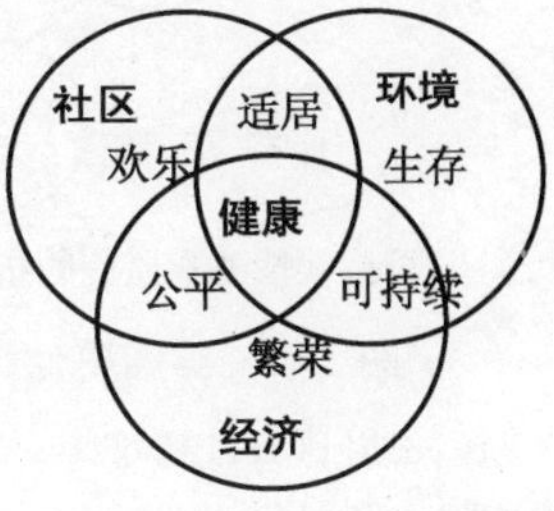

图3-4 健康社区的概念框架

图片来源：根据Hancock T. Sustaining health: Achieving health for all in a secure environment, Health · Environment · Economy-Strategies for a Sustainable Future [R]. York University: Conference sponsored by Health and Welfare Canada and Environment Canada, 1989相关内容绘制.

(3) 发展规划与管理。Sadler(1988)将可持续发展描述为环境-社会-经济目标交互部分的“价值共同体”，并开发了可持续发展决策标准及其组成的一个概念方法(图3-5)。另外，英国哥伦比亚环境和经济圆桌会议(1993)提交的可持续性指标数据组织的概念性方法，提出三要素指标和对人类管理过程的指标监测任务(图3-6)。

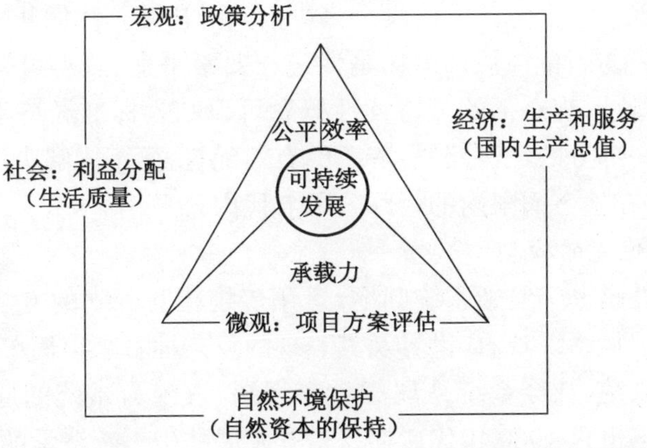

图3-5 可持续发展决策标准和组成

图片来源：根据Sadler B. Impact Assessment, Development Planning and International Assistance in Post Brundtland Perspective[J]// Proceedings of the International Workshop on Impact Assessment for International Development[C]. Vancouver: International Association for Impact Assessment, 1988相关内容绘制.

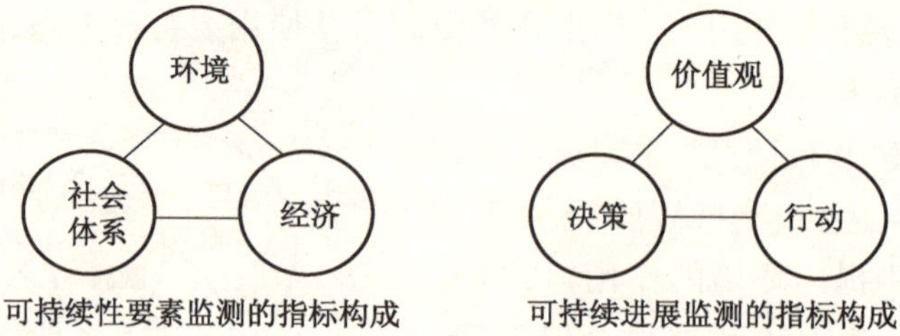

图 3-6 英国哥伦比亚圆桌会议的可持续性概念性方法

图片来源：根据 BCRTEE. Towards a Strategy for Sustainability[R]. Victoria: British Columbia Round Table on the Environment and the Economy，1993:41 相关内容绘制.

相对于经济优先的观点，三要素同样重要的观点是一个进步。但三要素模型可能只适用于对问题、目标、发展或挑战等价值取向的宏观范畴（金涛，汤茂林，2005），却不能用以描述需要界定清晰的系统构成：①子系统边界模糊。不同模型中，其术语含义并不完全一致，如“社会”一词是着重公平问题，还是更宽泛的社会文化发展？“社会”与“健康”和“政治”的关系也不甚明了。②混淆了不平等的系统各部分。三要素分属不同范畴，“自然环境”包含的是物质成分间的关系，而“经济”涉及人类对稀缺资源的配置活动，属人类活动体系，“社会”又与人际或阶层间关系相关，因此三要素不具并列可比性。

经济-社会-环境被视为同等重要的三要素的竞争，决策基于三者间的平衡。三要素平衡法不成功的原因：①人类在这一观点中难以找到自身在现实中的立地。②生态前缘已没有多少空间可让渡。我们几乎肯定已经超越生态极限。③当单纯强调市场是促进三要素平衡、获得可持续性的一个有用工具时，这一观点下的可持续性概念可以归入标准经济学范式。市场只限于解决一部分的经济问题：资源的有效配置；而不能解决可持续性的两个基本问题：在生态阈限内的代际公平与代内公平。

3）生态优先的模型

可持续性是一个复杂系统问题，运用传统相互分立的方法理解世界是很复杂的。但从系统观看，世界及其表现的复杂性看来很简单，即经济系统从属于社会系统，社会系统从属于生态系统，表现为系统的层层嵌套的关系。这一观点也是 1980 年代后期产生并发展的生态经济学的价值观。

经济-社会-生态的这种层层嵌套关系，其理论依据来自于复杂系统理论所描绘的作为自组织嵌套式开放系统（Self-Organizing Holarctic Open Systems）的生物物理系统，这一观点最早来自凯斯特勒（1978）作品中的 holarchy 的概念。Holons 是指一个相对封闭的系统，如一个细胞、一个有机体、一个家庭、一个生态系统，如同一个 holon；而 holarchy 是 holon 相互依赖的嵌套体。经济嵌套入社会而社会嵌套入生态，构成一个 holarchy。术语 holarchy 区别于术语“等级层次”(hierarchy)，其创制是为了表明系统间并不存在相对优越性的价值含义。

生态优先观表明一种整体优先的思想，即低层次可持续并不保证高层次的可持续，而高层次可持续是低层次可持续的必要条件。向这一价值观转型对理解和解决可持续性问题是必要的。可持续性首要考虑的是社会的长远福利。其必要前提是生态和物质基础能永久维持。所以，第一优先序是维持生态完整以实现社会的长远福利。第二优先序是在生态预算约束下最大化社会福利。在保持生态完整性和自然资本的同时，满足人类物质需求。可持续性挑战就是设计这样一种经济。

生态优先的概念模型分析主要集中在系统分析、经济、生态、发展管理等领域。

(1) 可持续性系统分析。Dorcey(1991)认识到三要素模型中的系统各部分在定义上的混乱，他对英哥伦比亚的弗雷泽河流域研究中，运用层级嵌套关系的概念性思维，将可持续性体系简化为生态系统和人类子系统及其交互作用。经济为人类系统的要素之一(图 3-7)。

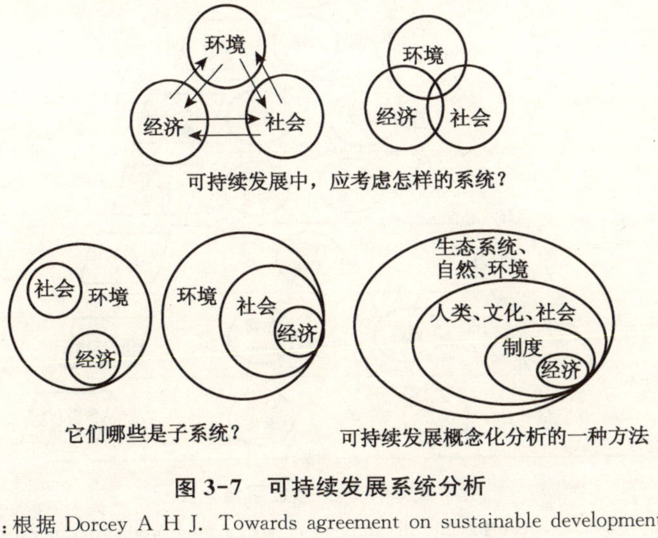

图 3-7 可持续发展系统分析

图片来源：根据 Dorcey A H J. Towards agreement on sustainable development in water management: Learning from the differences[J]// A H J Dorcey. Perspectives on Sustainable Development in Water Management: Towards Agreement in the Fraser River Basin [C]. Vancouver: Research Program on Water in Sustainable Development, Westwater Research Centre, University of British Columbia, 1991:550 相关内容绘制.

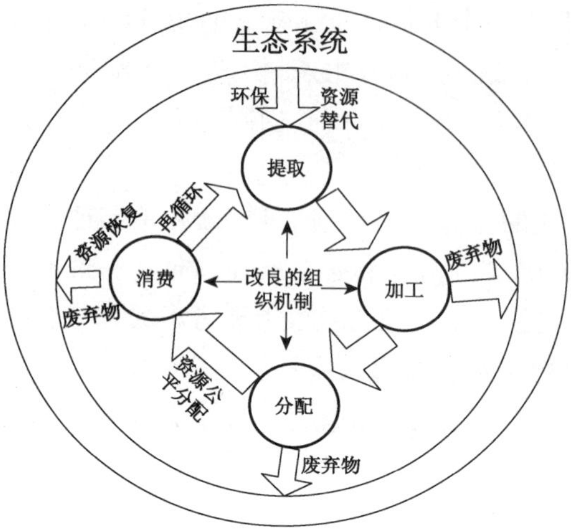

图 3-8　可持续发展构图

图片来源：根据 Leeman E，Cox J. Sustainable Urban Devevopment：Strategic Considerations for Urbanizing Nations[R]. Ottawa：Chreod Development Planning Consultants，1990：5-6 相关内容绘制.

（2）经济学的分析。经济学在关于经济与环境关系的概念构架中，有学者认为经济系统存在一个物质性外壳，即不可逾越的生态极限(图 3-8)。

（3）一般生态系统模型。但 Dansereau(1990)构建的生态金字塔体现其明确的生态中心思想。模型由下至上分无机、植物、动物、人类、投入、控制等六个营养层，相互之间存在着能量和物质流(上传或下移)(图 3-9)。人类的生产投入和控制管理以环境为基础并影响环境。

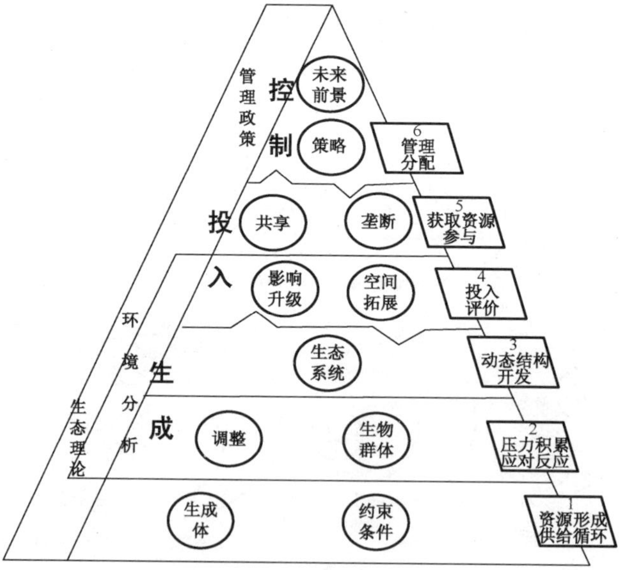

图 3-9　生态金字塔

图片来源：根据 Dansereau P. Interdisciplinary perspective on production-investment control processes in the environment[R]// Vancouver Declaration：Final Report of the UNESCO Symposium on Science and Culture for the 21st Century：Agenda for Survival. Ottawa：Canadian Commission for UNESCO，1990：63 相关内容绘制.

（4）发展管理。加拿大的 McGill 大学在 1989—1995 年进行了一个跨专业研究项目，1997 年提交了一个通用型可持续发展概念框架研究成果（图 3-10），体现“天人合一”的价值思想。

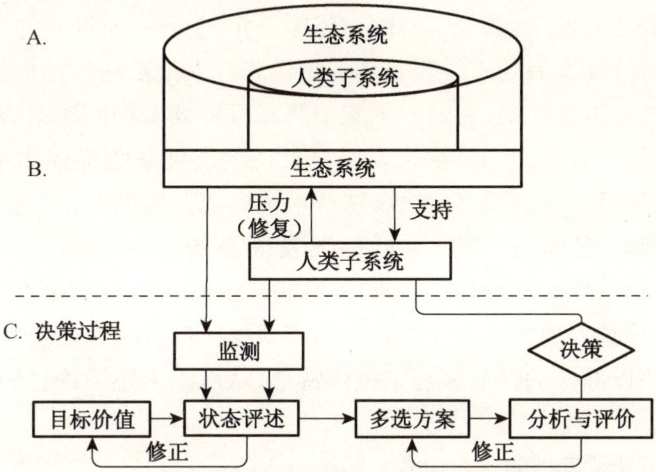

A 部分是生态系统和人类子系统关系的简单示意；B 部分对生态系统和人类子系统的概念化解构，并不意味着两者的相互分离，而是为更好考察整体与部分的相互作用；B 部分客体系统模型，必须与 C 部分的主体决策体系概念性结合，才能在操作层面上明确可持续发展评价体系的组成要素的意义。

图 3-10　可持续发展评价的概念模型

图片来源：根据 Hodge R A. Assessing Progress Toward Sustainability: Development of a Systemic Framework and Reporting Structure[D]. Ph D Dissertation of School of Urban Planning, Faculty of Engineering, McGill University, Montreal, 1995 相关内容绘制.

3.1.3　可持续发展理论模式

1）可持续发展范式演变

可持续发展相关价值理念的探讨大多集中在哲学与伦理学思辨层次。上文从国外可持续发展概念模型入手探讨这一哲学问题，发现研究者理解现实世界存在三种主要立场：经济优先、三要素平衡和生态优先，不同的观点构成可持续发展研究的不同范式。

从经济优先到三要素平衡，最后到生态优先，体现人类不同历史阶段理解现实世界的三种主要价值立场。工业化初期，生态约束基本不是问题，经济发展为第一要务，但随技术和贸易的扩张，人类与生态圈的矛盾开始激化，发展从关注“物”的增长到关注“人”的福利（如重视经济健康、结构变化、生活质量、质型社会)是一个进步。但单纯只以人类为中心,就会忽视地球生命保障系统的承载力,能否支持人类的持续经济需求。

2) 可持续发展理论模式

在可持续发展三种研究范式讨论的基础上,从系统思想上,可以归纳出可持续发展的人地二元、经济-社会-环境三元、生态一元等三种理论框架。

(1) 可持续发展的二维模式和三维模式。人地系统理论框架产生于人地关系论这一古老命题,在这一框架下解释可持续发展问题就演化出自然-经济-社会复合系统的三维模式。但将可持续发展系统描述为抽象的人地系统和自然-经济-社会复合系统,这一系统框架在理论上是完整的,在认识论上却是难以把握的,因而对可持续发展系统的调控能力不强(刘力,2002)。人地系统穷尽地表所有事项,并表现为从人的利益出发考虑问题的立场,可能导致人地二元对立思想。经济-社会-自然复合系统的边界模糊,操作中往往以部分的性质来确定整体特征,从而陷入还原论思想,在调控上无所作为。

(2) 可持续发展的一元模式。系统思考应回归到一元框架下思考可持续发展问题。生态系统是一元的,即在一个框架下考虑自然与人文要素及其相互关系,体现了地理学的综合性和整体性的思想(金涛,林文棋,2009)。在生态系统的框架下,可持续发展理论模式的核心是生态综合。

3) 生态系统的一种解释框架

概念模型要在一元整体观上解析人地关系,生态系统可以作为一个更好的解释框架:①生态系统是一元的。②生态系统是以或多或少有序、合理且可理解的方式构筑的。这有助于理解复杂系统的内部关联。③生态系统是活动的,系统内存在着物质与能量的交换,一旦确定了联系方式和交换网络,就可以进行跟踪计量,至少在一个简单的生态系统内可以做到定量研究。④生态系统是一个开放系统,遵循热力学定律,趋向某种稳定状态。

3.2 可持续发展系统观研究

3.2.1 系统方法论演变

“系统方法论是为了解决系统问题而提供的一套关于选择具体方法的思想、原则和步骤的知识体系”。它强调的是分析问题、解决问题的思想和逻辑,其认识论基础是系统理论(高军、赵黎明,2003)。已有的系统方法论是建立在不同的系统思想基础之上,属于不同的科学范式。

1) *硬系统方法论*

(1) 思想基础:硬系统思想认为系统是客观存在的实体,各种系统在一定条件下都存在最优的内部结构,人可以从系统外部对系统进行客观的分析。通过分析,人们可以发现系统内各部分间的相互作用规律,并以此为基础实现对系统运行的预测和控制。

(2) 主要领域:主要包括运筹学、系统分析、系统工程和以可生存性系统模型为代表的管理控制论等分支。这种方法论的产生源于工程管理、工程经济学等领域,是传统工程方法的进一步综合和提炼,其主要应用领域是结构化的工程和组织问题。

(3) 局限性:主要集中在解决以人为主体的社会系统问题方面:①硬系统方法论认为在问题研究开始时定义目标是很容易的,因此没有为目标定义提供有效的方法。但对大多数社会系统来说,目标定义本身就是需要解决的首要问题。②硬系统方法论没有考虑系统中人的主观因素,把系统中的人与其他机械因素等同起来,忽视人对现实的主观认识,认为系统的发展是由系统外的人为控制因素决定的。③硬系统方法论认为只有建立数学模型才能科学地解决问题。但对复杂的社会系统来说,建立精确的数学模型往往是不现实的,而且即使建立了数学模型,也会因建模者对问题认识上的不足而不能很好地反映其特性,因此通过模型求解得到的方案往往并不能解决问题。

可见,硬系统方法论在系统管理实践中主要适用于解决结构化的技术问题,随着结构化问题在现实世界中的重要性不断降低,非结构化、非技术性问题的重要性不断提高,硬系统方法论在解决实际问题时的局限性日益突出。针对这些不足,自1970年代以来,在英美等国家,出现了许多建立在软系统思想基础之上的软系统方法论。

2) *软系统方法论*

(1) 思想基础:软系统思想认为对社会系统的认识离不开人的主观意识,社会系统是人主观构造的产物。

(2) 主要研究:主要包括 Churchmam 的社会系统设计(Social Systems Design),Mason 和 Mitroff 的战略假设透析与检验(Strategic Assumption and Testing),Ackoff 的社会系统科学(Social Systems Science)以及

Checkland 的 C-软系统方法论(Soft Systems Methodology)等(高军、赵黎明,2003)。

(3) 解决方案:软系统方法论的任务就是提供一套系统方法,使得在系统内的成员间开展自由、开放的辩论,从而使各种世界观得到表现,并在此基础上达成对系统进行改进的方案。本质上,各类软系统方法论属于一种学习的范式,其解决问题的思路是一个不断学习、增进认识的过程。

(4) 局限性:虽然这种系统方法论在解决社会现实的多数"软"问题时提供了一种科学方法,但其不足也是明显的,主要体现在运用软系统方法论的基本前提:①软系统方法论认为,在对问题的辩论中,人们的各种世界观最终是可以统一的。但这一认识是片面的。通过公开、自由的辩论虽然可以解决许多认识上的偏差,但对植根于组织、社会中的本质性冲突则是不能借助辩论来解决的。②软系统方法论认为,与问题情景相关的人员参与辩论是理所应当的。但实际上,由于参与辩论的各方所掌握的权力、信息以及其他资源是很不对称的,因此通过辩论往往并不能达到其所期望的效果。③软系统方法论认为系统只是存在于人的主观认识中。社会系统虽属人为创造,但人们并不一定是完全有意识地进行创造。大多数社会系统具有独立于人的认识而存在的客观性。

软系统方法论的应用领域也有一定的限制范围,它所能解决的仅仅是非结构化问题中的一部分。越过这一范围,方法论本身就失去了适用的前提条件。

1980 年代后期,出现了对当时存在的各种系统方法论重新评价的趋势,主要是对各种系统方法论的理论假设、应用范围以及如何应用这些方法论来具体解决社会问题等进行深入分析。在这一过程中,产生了批评性系统思想,并在此基础上创立了批评性系统方法论,如:Flood 和 Jackson 的全面系统干预(Total Systems Intervention,TSI)和 Ulrich 的社会规划批评性试探法(Critical Heuristics of Social Planning)等。

3) 批评性系统方法论

(1) 思想基础:①批评性意识。认为人们在运用理论和方法解决问题时,应当认真地分析其隐含的基本假设和前提,深刻理解其理论、方法的适用范围和优缺点。没有这种批评性意识,理论的发展、方法的开发及其应用都是盲目的。②社会性意识。指某种理论、方法之所以在一定时期内得到普遍认可或否定,除理论、方法本身的科学性外,还可能是受特定的社会制度或组织氛围的影响。③追求个体潜力的发挥。指研究和解决问题的基础是让系统或组织中的每一个人都最大程度地发挥其潜能。④互补主义。不同的理论、方法都有其不同的合理性,因此它们之间不存在谁包含谁的问题。为了系统地研究和解决问题,人们应当根据实际问题的性质,适当选择一种或多种理论和方法。

(2) 解决方案:通过创造、选择和实施三个步骤进行全面系统干预,三个步骤之间的关系是相互关联、循环往复的。

步骤1:创造阶段,目的是分析目前系统所遇的困境,并显现、暴露各种需要解决的事件,发现各种事件之间的相互关系。该阶段又分为两个步骤:一是运用发散性思维,从多种角度对系统进行认识。这主要是通过五种比喻来对系统进行描述。这五种比喻是:系统是机器,是有机体,是神经控制系统,是社会文化系统,是社会政治系统。二是进行聚合性思维,确定对象系统的属性。这主要是在各种概念、原理指导下,通过辩论、投票等程序进行。

步骤2:选择阶段,就是挑选适合上述对象系统属性的系统方法。合理选择系统方法的理论基础是Jackson等开发的系统方法论系统(System of Systems Methodology)。系统方法论系统通过对已有的各种系统方法论进行整理、总结,从而得出各种系统方法论的基本假设、适用范围以及优缺点。

步骤3:实施阶段。根据已选出的系统方法的原理、原则要求,形成解决问题的方案,并在实践中实施方案。

(3) 局限性:①根据库恩的范式理论,不同的科学范式之间是不可比的。虽然批判性系统方法论在应用中,采用互补方式来综合已有的各种系统方法论,但在理论上缺乏合理的解释。②没有能力解决在根本利益遇到冲突时的这类问题。当一个利益集团控制着其他利益集团时,批判性系统方法论很难在坚持其基本思想的同时,继续其辩论、改进活动。③批评性系统方法论所依据的概念有些含糊。如对TSI方法论而言,在创造性阶段,认为可以通过五种比喻对系统进行描述。但对为什么选择这五种比喻以及如何创造性地运用它们,TSI还没有对此作出进一步的分析(高军、赵黎明,2003)。

3.2.2 可持续发展系统观

1) 系统思想

传统发展规划是根据系统控制论原理,对给定环境下的预定目标的实现过程,由系统辨识、系统诊断、目标体系设定,拟出可能方案,选择优化方案并实施等一系列步骤组成。面对复杂模糊的现实世界，矛盾有二：①生态系统由于多维相关以及累积性效应等不确定性，难以预测并精确制导。②可持续发展不仅在于被动响应，更要求危机预防。因此，近年来，系统控制过程从强调对预定目标的系统调控优化，而自然推导出发展结果，转换到强调不确定目标下，对相关复杂问题的学习过程，通过学习型机构安排和管理策略以引导系统进化。

2）可持续发展系统

可持续发展系统是一个能应对变化压力而生存维持的"整体"系统。这种系统的特征有：①整体认识，部分不以为然而整体意识到的紧迫性；②层序结构，即系统嵌入更高一级系统内；③压力调整，为适应压力的交流、反馈、控制的过程。简言之，部分与整体的关联，控制反馈循环是系统思维的核心。

3）概念性框架的设计

只有遵循系统思维的特征进行概念性框架的设计，才能既评价系统部分的运行状态，也能评判整体系统的控制反馈情况。通过一个概念框架，自然形成指标或执行标准，并根据给定地点或决策人，适时适地而改进。没有这一框架及其相关价值取向，主观选择各种可能的指标，其结果只是对问题零散且被动的响应，有悖于可持续发展对危机主动预防的要求。

4）概念模型

概念模型提供了一个有助于了解和学习现实世界的机制，由此包容不同利益体和价值观，促成创造性对话。其目标是完善的决策。由于真实世界的复杂性超越了目前的知识，因而模型本身不能被认为能真实揭示现实世界，但这样做能巩固对其现状（包括它们的局限性）的理解。

3.3 模型范例分析

概念模型能够有效解释现实世界，必须以可持续发展的系统观、价值观为前提，以跨学科沟通为依据，以实践操作为目标。以下所列概念模型实例，符合概念构模的几个原则：①价值取向鲜明；②"人类-生态系统"关系明确；③系统界定清晰；④客体与人类决策体系的关系合理；⑤操作实施简易。

3.3.1 概念模型内容

1）特征

"反应-行动"循环框架作为示范式模板，已广泛应用于加拿大、印度、哥伦比亚等国家或地方的可持续发展评价实践中。“反应-行动”循环框架运用了整体观下的系统解构的方法，各部分简单明了，坚持以人与生态系统两者为核心，能反映可持续性理念的价值观，并符合跨专业博采众长的需要。

2）要素

“反应-行动”循环框架主要抓住生态系统与人类子系统，客体系统与决策体系的两组最关键的核心关系，由此提出四个相应的指标领域（或诊断领域），分成四部分评价要素（或指标范畴）：

（1）生态系统：生态系统整体性和健康性的数据和信息。

（2）交互关系：人类与生态系统相互作用的数据与信息——人类活动形式和活动强度；这些活动及其环境影响或生态修复；实现目标的手段（政策法规等）。

（3）人类主体：人类健康的数据和信息，包括个体、家庭、社区和组织机构，以及自然、社会、文化和经济的评估。

（4）综合分析：为整体系统的预警，以上三领域预测分析的数据和信息。

各种可持续发展评价报告虽篇章名称不尽相同，但必须涵盖上述四个领域的数据信息。四要素的关系如图 3-11 所示。

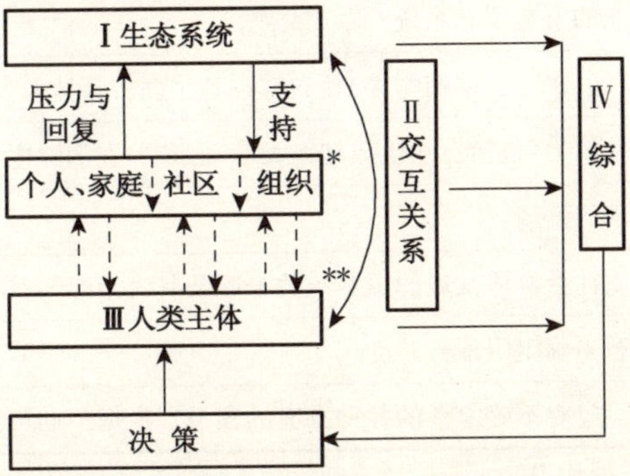

*个人、家庭、社区、组织由“人”组成，反过来也培育人；
**突出人类主体，在于决策需要通过“人”才能变为实际行动。

图 3-11 可持续发展评价的循环回路系统

图片来源：根据 Hodge T. Toward a conceptual framework for assessing progress toward sustainability[J]. *Social Indicators Research*, 1997:84 相关内容绘制.

3）意义

“反应-行动”循环框架的四要素领域共同构成可持续发展评价框架，并形成一个循环回路系统，用以支持社会（个体、社区、公司、区域、国家）不同层次、不同种类的决策团体。

对照可持续发展评价的总体框架，可知现行经济发展、社会发展、环境状况等分领域评价报告往往侧重总体概念框架的不同部位。如经济发展评价强调到资源使用的一面，却不核算对生态系统的压力；环境状态评价侧重人类活动的环境影响和环境承载力，相对忽视环境对人类的支持；社会发展评价相对平衡，所有典型要素都有所涉及，但重点在人这个主体，却较少强调生态。各领域虽有重叠部分，但总体覆盖可持续性评价框架的不同要素领域。

3.3.2 模型应用

1）设计原则

评价体系设计原则往往由价值观驱动。如大量模型涉及的公平性原则，其非系统组成要素，而是源于人本理念的一个设计原则。以探询方式查证评价系统是否符合这些原则（表 3-1）：

表 3-1 评价体系设计原则及其查证

原则	主要查证内容
时间尺度	兼顾人（短期）与生态系统（短期和长远）？
空间范围	包含影响所及的所有生态系统？
整体系统	各部分（如空气、水、土、动植物等）独立存在且关联成整体？
压力	生态系统各种压力（包括自然生成和人类活动影响）在消除中？
价值观	意识到价值观的嬗变？
公平	充分重视不同社会群体发展的成本收益分配及其决策参与？
不确定性	充分重视动态不确定因素？
前瞻	有无前瞻性？应对不确定性的各种方案的预设？根据预期目标倒推来指导当前政策？

2）操作过程

在操作实践中（图 3-12），分析者大都专注于第二个步骤，但缺乏系统方法，很少奏效。有时即使运用了系统方法，也只有技术性数据库被置于地方性文化价值观的背景下，广泛地公众参与后，评估才有效力。进一步说，只有过程透明严谨，才能获得来自技术数据库的常时冲突信号，一个基础良好的可持续发展评价才会形成。

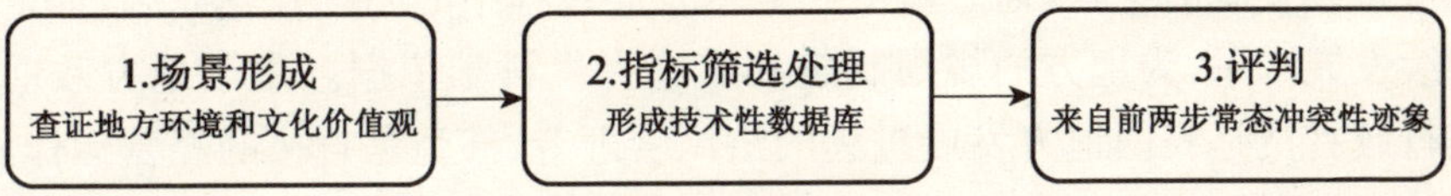

图 3-12　评价的一般过程

3）关系处理

主观评判与客观性要求两者之间的矛盾不可避免，具体可测度的定量指标可以刻画系统态势，但指标与评价目标的相关性难于完全确定，且指标强调的是当下性。指标选择及其定性表述的主观认识，可深入评价对象的价值世界，但受制于评价主体及所处文化环境的因素。可持续发展评价尤其强调清晰的结论必须来自一个合理清晰的基本原理。

3.3.3　启示与思考

由于社会经济背景和文化的多元化，可持续发展评价没有单一的设计模式。概念性框架的选择和定位，很大程度上由发展观念和思路所决定。

对比分析国内外评价框架的构建思想，有助于更新观念，校正思维。国内可持续发展评价研究虽然取得了一定的成果，但目前尚无一致公认的评价体系，相关评价实践虽一般偏重于指标体系设计和操作的环节，但总体评价思路仍较明确。

(1) 一般趋向：各地区评价实践基本是参照国际上“以经济-社会-环境为发展目标，以压力-状态-响应为功能区别”的模式框架展开，构建相应的指标体系。总体以发展系统的基础-过程-潜能为评价主线，以发展现状-发展协调度-发展力度为评价思路，主要按经济-社会-环境三领域指标领域展开。

(2) 目标取向：评价的价值取向正处于以“物”为本到以“人”为本的转型中，从以国内生产总值(GDP)为代表的评判，过渡为更多关注生态、生活的人本层面的评判因素。在经济-社会-环境三要素中，区域性目标价值的思路也比较明晰，一般相对欠发达地区以经济发展为重，以生产促生活、生态，对资源生态的开发利用重于对其本身的保育；沿海经济发展到一定水平的地区开始意识到生态安全的重要性，正逐渐将生态系统与人类置于同等重要的地位。

(3) 绩效导向：可持续发展评价是决策者、实施者和社会公众认识和把握可持续发展的工具，通过监测和揭示发展过程中的问题及其原因，评价可持续发展水平，为地方的规划制定和实施提供科学依据。由于地方政府及其行政官员是我国地方发展进程的组织管理者，甚至是直接的经营运作者，可持续发展评价的一个现实动机是，将行政管理绩效的目标与可持续发展的目标达成一致，以引导和支持地方政府贯彻可持续发展战略。

（4）综合方向：政府官员政绩考核的指标过去基本上以经济发展为评判标准，而要从经济目标转向可持续发展的“经济-社会-环境”的多元化价值目标，因而在宏观层面的指标形成框架方面，一般仍以笼统的“经济-社会-环境”三要素为核心，分别进行经济、社会（包括人口、能力建设）、环境（包括资源）等单因素现状评估，以及整体协调度、趋势潜力等综合指数评价。

经济-社会-环境的三要素分类评价虽然说明了平衡发展的重要导向，但系统界定不清，以此为评价框架，易引起混淆，或仅成为评价者特定兴趣点的罗列。根据系统思维，“反应-行动”循环框架提出生态系统、人类活动、人类与生态系统的相互关系、综合分析的四维评价要素，以体现人类与生态系统的双向关系，沟通与人类决策体系的关联。系统整体观能兼顾部分与整体，既监测人类和生态系统健康状况，也提供整体视角以实现整体预测预警，使评价工作不止于对现状静态的评价和响应。系统的反馈与循环，能沟通人类决策过程与生态系统的关联，形成决策-实施-反思-再深入的发展自循环的过程，从而使可持续发展评价纳入发展规划的有序实施中。

4 城市可持续性背景研究

4.1 人地系统的一种生态观

4.1.1 环境问题的经济学视角

人类与环境的关系是一个古老的命题。自现代社会以来，人类对环境问题的认识是一种包含现状总结与未来预测的复杂思想演变过程。这个过程从社会福利损失扩展到生命健康危害现状，在此基础上，再深化到判定发展基础不可持续，进而推论人类未来前景黯淡。

新古典经济学理论探索环境问题的根源及对策，认为环境问题是一个环境的竞争性使用问题，也是一个要素(资源)稀缺性问题。学术界的一般认识是，环境经济学植根于外部性理论、公共财货理论、一般均衡理论，还有成本-收益分析的应用部分。

对于人与环境的关系，按照庇古的福利经济学对外部性的理论分析，如果对外部性承受者予以补偿，消除外部性，也就可以解决环境问题，而外部性的产生原因可归结为市场失灵。消除市场失灵，需要政府干预，以税费形式对外部性行为加征一个适当的“价格”，使得个体经济活动产生的社会成本内在化。

公地悲剧的假说，从社会制度对环境资源开发安排角度分析，将环境问题转化为环境权利问题，深化了对环境问题的认识。公地的自由使用权给所有人带来的只是毁灭，同样，污染、自由生育等都会导致公地的悲剧。因此，必须建立某种大家认同的强制性制度对使用公地的个人行为进行约束。解决公地悲剧的基本思路是促使“私人收益-公共成本”博弈转化为“私人收益-私人成本”的博弈。有两种制度安排可以实现这种转化，一是在使用者内部形成某种集体管理制度，改变公地自由使用的行为；二是由上一级管理机构对公地的使用设定某种管理安排，促使使用者成本内部化。也就是说，必须从社会经济系统入手，来避免公地的悲剧。

但“经济学理论上的一个核心模型是，竞争性总体均衡，而它是基于一个完全错误的现代世界观的假设之上”。当前的环境经济学，仅是在新古典经济理论的框架下处理自然和环境问题。按新古典经济学循环流模型，货币循环被当作孤立而自我更新的，与其外围没有任何物质的输入和输出，由此是不可能理解经济与生态圈的关系。

1960年代美国学者鲍丁提出的“宇宙飞船经济模式”论（诸大建，2000）以完全不同的模型来解释环境的有限性问题，并将其扩大到整个人类社会经济。模型认为社会经济系统是整个生态系统的一部分，生态系统决定了社会发展的最大限度。人类距离这个限度越近，经济发展的余地就越小。生态环境为人类社会提供了一个框架，社会应该在这个框架中采用最有效的方式来管理资源。热力学定律是这一模型思想的理论支撑。

4.1.2 经济活动的自然通则

按生态经济学的价值前提，从系统观看，世界及其表现的复杂性看来很简单，即经济系统从属于社会系统，社会系统从属于生态系统，表现为系统的层层嵌套的关系。

1）总量守恒

热力学第一定律即能量守恒定律，表明能量与物质只能转化形态，不可能被创造或被消灭，在转化过程中总量守恒。经济系统作为生态系统的子系统，输入＝输出＋Δ存量（存量的净变化），如果物质输入大于输出，物质存量不断增长，表现为经济系统内部的财富和人口增加。如果物质输入等于输出，社会的物质存量没有变，达到一种进出平衡，存量恒定的状态。

经济系统的物质存量有一个从增长到稳定的过程。在经济系统年轻时期，物质生产投入越多越好，表现为财富和人口的不断增长。当经济系统达到成熟的晚期阶段，更重稳定和质量，由于进出平衡，投入增加意味着维护系统稳定的成本相应提高，所以生产投入不再成为经济系统发展的重点。

经济系统的发展成长总有极限。从长时段来看，经济系统最终要达到吞吐平衡阶段，即系统进（生育、生产）出（死亡、消耗）平衡，系统的人口和物质财富保持相对恒定的一种“稳态”。这种稳态经济的观点，最早在1857年，由古典经济学家穆勒在马尔萨斯人口论的观点之上提出：人类经济将达到一个稳定状态，超越这一状态的经济增长是不可能的；为提高生活质量，人类的创造力应该用于发展艺术、文化和改善收入的分配。稳态经济观现在逐渐被接受。如人口存量的变化，据联合国发展署和一些人口研究机构预测，未来全球人口是120亿还是150亿尚存争议，但人口存量最终会达到相对静止状态。

2）过程衰变

经济系统运行必须由来自生态圈的能量/物质所维持，并最终由热力学第二定律所控制。热力学第二定律即熵增定律，所有系统都有一个耗散无序的自然趋势。经济系统作为一个吸收低熵的开放系统，依靠低熵度物质/能量的输入和等量高熵度物质/能量的输出得以维持。这一单向不可逆的衰变过程意味着，资源（低熵）开采使用必然导致废弃物（高熵），经济代谢的上游端可能导致资源衰竭，下游端可能导致污染。经济系统的可持续生存，应该控制在可以忍受的资源衰竭率和污染率的极限内。

热力学第二定律表明，生命有机体自发趋向熵增，最后熵最大达到死亡状态，只有不断从环境吸纳负熵，生命体才能存活或远离死亡。现实经济系统并没有自发趋于瓦解，相反，经济有序性（表现为社会经济的组织度和复杂度）一般还在提高，原因也在于不断取自生态圈的负熵。但经济系统的进化存在不能忽略的两个事实：①根据热力学过程的损耗性原则，任何能量的转化不可能有100%的效率，必然有部分能量被降解。经济中的负熵的生成总是少于从自然界摄入的负熵，这样总系统趋于熵增。②物质存量的生长是以自然资本的损耗为代价，经济负熵（有序性）的生成，如资本积累、专利、知识，不可能永远替代自然资本。自然资本终究是财富和人口增长的物质基础。人类生存也有赖于生态圈功能的持续。

4.1.3 人地矛盾的生态视角

1）盖娅假说理论

1979年，曾任美国国家航空航天局顾问的詹姆斯·洛夫洛克正式提出盖娅假说。他认为一个外星球如果有生命，不在于是否有类似地球上的核苷酸，而在于它能否有类似地球的一个稳态自调控系统。盖娅（Gaia）是古希腊神话中的大地女神。盖娅假说事实上是将地球看作一个具有自调控机制的有机整体，地球的自稳定状态正是来自地球内部因素的各种反馈调适作用。

盖娅假说思想意味着，地球也是一个生命有机体。人类除了技术与文化的外部标志外，与生物圈的其他异养生物一样，是地球生态系统的消费者之一。生态系统中每一个栖息者都和其他的物种在一定程度上相互依存。每个物种的劳作不仅关系到自身和自身所处小环境,也关系到全球。人类的经济系统的持续扩张关系着全球生态变化,即地球有机体的健康状态。

2) SOHO 系统理论

复杂系统理论将生物物理系统描绘为一个自组织开放系统(Self-Organizing Holarctic Open Systems,SOHO),系统松散存在,层序嵌套,即内部各系统受制于更高一层,并与更低层子系统接合。如:细胞-器官-有机体和人-局部生态系统-生态圈-太阳系。各种 SOHO 系统的生长和保持,需要从环境(母系统)输入能量物质,并将降解的能量物质(废弃物)输回环境(母系统)。如生态圈通过光合作用耗散太阳能,以红外射线重新发射回空间;经济生产摄取生态圈的化石能,将热、水汽、二氧化碳释放回生态圈。这意味着,所有高组织度 SOHO 系统的形成和生长(内部组织性提高)是以母系统的无序度提高为代价(Rees,2002)。

经济系统与地球生态圈都可以看作这种复杂的 SOHO 系统,两者之间也构成一个潜在的层级嵌套关系。要保持生态圈(母系统)功能稳定,经济子系统必须通过负反馈,保持其资源输入和废弃物排出的速率与其母系统的生成和消化速率相一致。如果经济需求超出母系统的生成能力,或排出超出其消解能力,子系统的发展和生长(内部有序化)必将以母系统的无序为代价。这种经济系统与地球生态系统之间的层序关系潜藏着一种病理机制,经济系统从生态圈内部进行热力学意义上的耗散,从而造成输入-输出的代谢失衡,体现为资源耗竭和污染。(图 4-1)

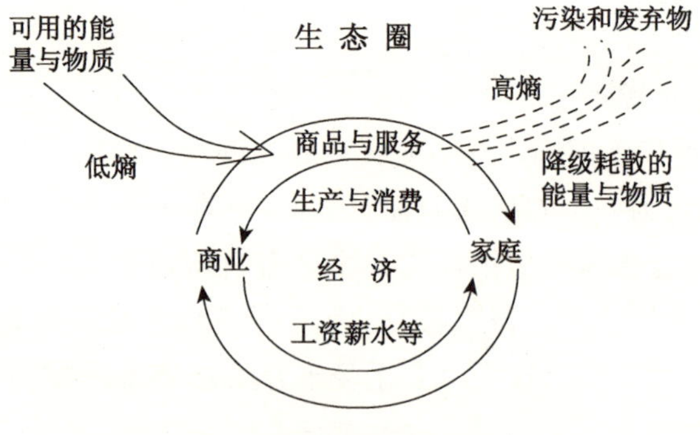

图 4-1 能量/物质的线性通过量

4.1.4 可持续的世界观

从人类与环境的关系的理论脉络的简要梳理中，可以发现，生态学与经济学的认识存在很大差异。

经济学从人类主体与环境之间支撑、被支撑关系出发，将环境问题视为个体在利用与开发环境的过程中对其他主体造成不利影响，削弱了环境对其他主体的支撑作用，进而降低社会总福利水平。因此，只要消除“市场失灵”或“政府失灵”，调整不同主体在利用环境过程中与其他主体间发生的冲突关系，也就解决了环境问题。

生态世界观则从系统论角度界定人与环境的关系，视经济不是与“环境”分离，而是内在关联、完全被包容在一个非增长的生态圈内的全依附性子系统。尽管经济自身是一个动态而有序的系统，但由来自生态圈的能量/物质所维持，最终由热力学第二定律所控制。生态世界观视人类不仅为经济人，也是生态人。它强调，在超越某点（可觉察的）持续的物质经济增长必定导致资源耗竭和长期的污染，即所谓“环境危机”的规定特征。更重要的是，生态的分析将环境危机定位为“人类生态功能失调”。

经济学与生态学对环境问题的理解存在显著差别。前者将问题在概念上外部化，认为危机在于环境系统失调，人类要努力“修缮”失衡的环境。相对比之下，后者在追溯问题之源：人、人的行为、制度机构，表示正是这些需要“修缮”。

因此，环境问题，并不仅仅表现在物理层面，即自然资源的供给能力以及环境处理和吸收废物、污染物质的能力削弱，甚至不可逆转性地丧失。更为重要的是，环境问题一定程度上是由特定社会过程引发，因而具有重要的社会特征。从社会学角度看，需要通过组织创新，优化社会结构，推进社会民主化，来促进环境保护和可持续发展。

在地球环境有限论与人类社会体制缺陷论这两种认识基础上，1987 年布伦特兰委员会向联合国提交《我们共同的未来》研究报告，正式提出了“可持续发展理论”。可持续发展理论认为，解决环境问题不应仅仅局限于变革当前社会经济体制中的“市场失灵”和“政府失灵”问题，而是要重新审视发展观念，改变当前社会经济结构，对未来发展模式进行重新规划，包括控制人口增长，建立循环生产方式，鼓励个人绿色消费等。因此，解决环境问题的对策也就变成一个多目标协调的综合体。既要真实地消除环境问题对生命健康的危害，又要权衡各种可能的环境问题对社会福利损失的影响，还要考虑环境作为发展基础应具有持续性的问题。

4.1.5 生态危机的文化根源

1）人类的生态学特征

人在生物性上是能够损害可持续性的。人是一种大型、耗能和破坏周围环境的社会动物，并形成一种惊人的成功的竞争策略。人类的两个基本特征影响到地理环境：①人是有着巨大个体能源和物质需求的大型动物；②人是居于扩展型组群中的社会生命体。除了巨大的物质需求，人类还发展出独特而成功的竞争策略，以使其栖居地可以遍布全球。这一高级竞争力归因于人类物种的几个突出品质：①饮食上广泛的杂食性。如果不能直接消化某物（如草），可以通过驯服一种动物，作为其食物来源。②饮食的宽泛性和人类行为的宽适应性（如制衣和穿衣），两因素共同造就了不同的地方性生态系统，使人类遍布草原、森林、沙漠、冻原等各种地带。③人类是语言、文化、累积性学习的动物。不断的技术进步导致资源开发的范围和强度不断提高。尤其最后的这一事实强化现代文化意识，即人类社会能够永续生长。世界市场的商品的巨大充裕，使人产生一种印象，即技术能使我们免于增长的生物物理限制。但技术和更自由的贸易却加速巨大自然储存的耗竭。

2）不可持续基因的强化

人类的竞争策略尽管还是适应性的，但在持续的人口增长和技术创新下，人类生态变得功能紊乱。现代增长文化强化了人类固有的生物属性和行为倾向中的危险。能量是所有生命系统结构和功能的关键因素。人类进化的成功被解释为运用“最大化动力”原则。“能够盛行的系统（如成功的系统）是能够最大化使用所获资源能量（和物质）的”。

通过自然生态系统的光合能量流本质上是固定的。人类最大化占用其可获得的能量和物质，总是以缩减其他消费性物种的流量为代价。这样，如果人类能量和物质的占用无限增长，必然导致生物多样性损失和生态系统结构的永久变化。近几十年，与经济增长相关的各种压力，使人类对资源环境的索取扰动扩大到全球规模。人类社会增长使得：①被动或主动转移其他物种的食物生态位或占用其栖息地（如农业赶走北美大平原的野牛；商业渔场转移了海狮、海豹的食物源地；清理土地以种植放牧灭绝了数千种热带森林的物种)；②主动消灭非人类竞争者(与我们争食的其他物种，如狼、海豹、昆虫)；③耗尽能自生成和非可更新的"自然资本"存量(如森林、地表水、土壤、化石能)。

上述过程都与消费相关。或通过"竞争性排斥"，加速其他物种的灭绝速度，或通过在过载星球实现所谓"共同繁荣"的号召下，存量渐被耗尽。在持续物质经济增长和生物整体性的维持之间有一个基本冲突，而物质至上的流行文化无视这一问题，由此导致两个后果：①资源过采，栖息地破坏、污染；②土地和资源越发稀缺，而竞争性增长的生态压力将愈发显现，不仅对其他物种，而且对人类家庭成员，亦如此。社会不公平也将成为未来隐患。未来富国和一国的富裕人口，将排斥穷国和穷人最基本的生存资源。

3) 扩张型文化的理论基础

技术-工业文化的特征是"扩张"型世界观。它认为，人类能够并已经实现对自然世界的控制，贸易和技术能补偿自然资源的耗竭和生命支持服务的损失。随着全球经济扩张，这一观点逐渐扩散至全球，扩张型逻辑盛行于全球。

面对全球生态危机，可持续性要求"范式转型"，但需要什么样的转型或对现状的含义却很少深入表述。所谓"环境问题"源于扩张主义范式的缺陷，只有摈弃其核心前提才能加以矫正。现代立足于扩张主义范式本身的对策大多治标不治本。

扩张主义的经济学支撑是基于市场的新古典主义经济学，这一范式在过去半个世纪中逐渐主导地缘政治。新古典主义一般将经济学作为一个机械的自调节和自维持系统。"交换价值的循环流"是其分析起点，在文献中表述为一个自我更新和自我供养的过程。公司为消费者提供体现于商品与服务的价值，以换取经济收益。来自消费者的一种等价物，以生产要素(如劳动力、资本)流回公司，以换取工资、红利等(国民收入)。消费者接着运用其收入，进行下一轮的商品和服务的消费，循环往复。

新古典经济学只是通过这一扩张型循环周期，来监测和测度交换价值的生长(货币购买力)，一般回避考虑货币流赖以维持所需的能量和物质的输入(图 4-2)。这样，经济学主流分析将人视为缺少生态特性的经济载体。当许多证据表明全球生态危机加剧时，统治全球的经济学仍将经济作为独立于环境的孤立体，这一模型在结构上不能预见可持续性危机。

受经济学专业训练的人也很少怀疑，生产力和经济生长是否受自然的制约。相反，他们认为经济增长能够减轻社会不公平和环境压力。“水涨船高”，通过经济扩张，穷人才能增长收入，逐渐消灭饥荒，才有足够收入以满足其基本需求。“先污染、后治理”，收入增长后，人们才更重视环境，并有资源去做改善环境的事。

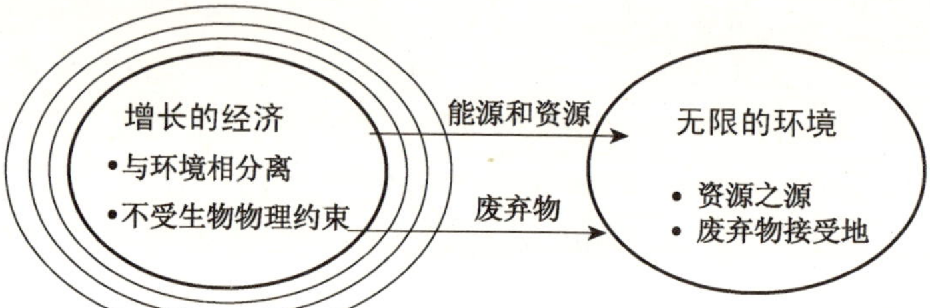

(1)

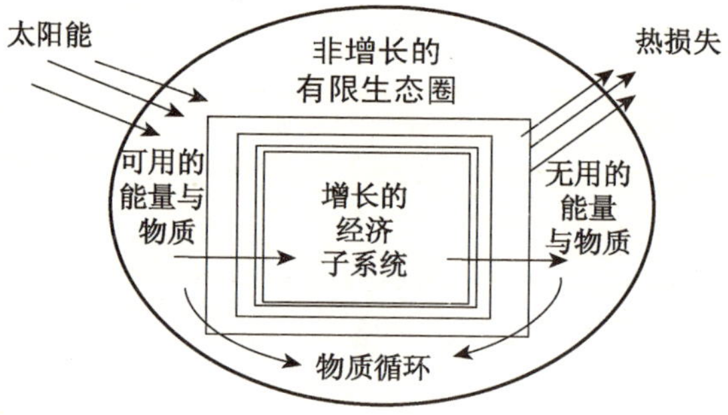

(2)

(1) 扩张(新古典)经济学将经济作为一个开放、增长、独立的系统，与环境没有根本的“关联”。(2) 生态经济学视经济为一个开放增长、完全依赖于一个物质闭合、非增长的有限生态圈的子系统。

图 4-2　范式对比

4）可持续性问题的挑战

按标准经济学范式，环境问题被认为是市场失败的结果。空气、水等环境因素被贬值、滥用而导致环境问题。修正市场失败的方法就是合理定价，这样市场就能解决问题。因而许多模型思想相信市场的功能，市场能实现经济效率，在理想情况下，市场同样也能产生生态效率。但这一思路下的许多政策措施，并不能真正解决可持续性危机。

(1) 聚合。生态效率的两维——有效生产和有效配置。前者为给定价值投入的经济价值产出的最大化；后者是指按市场价格信号将有效引导资源按需求生产。两者相结合，市场所做的是确保人们需求以最低的价格生产出来。

个体的经济理性是以最低价格得到他们想得到的，实现其经济效益。但理性的个体的经济人行为聚合成群体，表现在社会和生态上却未必理性。如私人小汽车是个人理性的交通方式，而公共交通是社会理性。在这一意义上，可持续性的本质是聚合，人类通过市场来满足其对自然资本的需求，而这一需求超越地球承载力，所以，宏观上，财政系统的聚合效果与在地球承载力内的人类生活的可持续性要求存在冲突。

（2）偏重贴现率。市场是看轻未来的价值的。由于贴现率现象，市场内在倾向于最大化当前的价值。贴现率的存在是由于我们有利息率，贴现率等于利息率。如果利息率为10%，今天的100元等值一年后的110元。相反，一年后的110元等于现在的100元。即使利息率很低，30年后的未来价值折换到当前几乎毫无价值可言。

由此看来，市场不将下一代的价值当回事，更不用说更远未来的价值。这与可持续性背道而驰。所谓市场解决时间问题，就是对所有资源确定“最佳耗竭途径”，这一途径就是将当前价值最大化。按这一方法，物稀则价贵，直到找到经济替代物。这一逻辑就如经济理性是尽快捕鲸，直至不经济，转而进行其他的收获事业（如森林）等。最终一无所获了，后代的东西被剥夺殆尽。经典经济学家的哲学立场是，未来会关心自己的升高的价格，资源替代品，技术进步和人类创造性将解决未来后代的问题。这一观点的错误在于一个事实，资源替代品，技术进步将依赖于化石能这种减少中的不可更新的自然资源。

近三个世纪以来，微观市场机制和宏观财政系统将人类结构性地锁进以指数速度从地球摄取物质财富的一个不可持续的轨道。过去三个世纪的世界财政系统的金钱以生息形式债务存在。这样每个世纪的金钱以6%的复利指数增长，如果不能维持这种指数增长，就不能偿还债务利息，经济将崩溃。

（3）去物质化——极限下增长的缺陷。效率在可持续性理念下的一个变形是生态效率的思想，始于可持续性要求经济去物质化的观点。布兰德模型提出一种新的经济增长——低物质和能量密集的增长。这一观点要求经济增长时，以同样速度减少单位增长的物质与能量的内容，经济的总的物质与能量的内容将是常量。

这一观点的问题是，经济增长是一个指数函数，当经济以指数增长时，单位增长的物质与能量的内容以持续指数级减少，这一逻辑将导致一种精神性经济，单位经济活动几乎无物质和能量的内容。

(4) 对穷人和后代的排除。可持续性的挑战是将人类对自然资本的需求约束在地球的承载力内。满足需求水平的唯一途径是对自然资本的清算。标准经济学的反应是将这个问题视为市场失败，通过“合理的价格”“将外部性内部化”。可持续性要求的“合理的价格”足够高，使得一部分人被排除在市场外，余下人口的总需求只不过在可持续水平上。被排斥的那部分穷人有赖于富人如何运作其金钱满足其大多需求。当前发展中国家的生产主要也是围绕富裕人口的需求。

市场是高度不公平和不可持续的，如果公平是可持续性的基本点，即市场不能实现可持续性。穷人在某种程度上由于购买力有限而被排除在市场之外，后代只是由于其不存在而不能在市场中发出需求的信号。

(5) 增长的代价。许多生态学者认为，当考虑进所有的因素时，经济增长在使我们退步。这并不奇怪，因为地球生态系统在加速退化，而地球生态系统提供的免费服务的价值远超过其对全球经济的价值。1950 年以来，经济增长是社会的主要组织原则。有许多实证也表明社会福利并不一定在提高。如对澳大利亚的两个完全独立的分析表明净福利自 1970 年代早期开始是在下降的(Lawn and Sanders, 1999)，增长的成本(如汽车事故、自然灾害、资源耗竭)略超过其收益。

由此可见，可持续性不仅是经济问题，即人们如何满足其物质需求，包括生态系统提供的服务需求。可持续性问题比市场解决的问题要宽泛得多。市场局限于只解决经济问题的一部分：资源的有效配置。不能解决可持续性的两个基本问题：在生态阈限内的生活(即代际公平)与各代内的公平。

4.2 经济全球化的一种生态思考

4.2.1 经济全球化的正负效应

经济全球化有利的一面：①促进资源的优化配置以及全球范围内的生产分工合理化与规模效益，提高了资源的利用效率。②将经济效率、市场化的观点推广到全球各个生产领域，有助于促进资源成本化与环境价值化。③通过国家之间生产要素和产品的相互交流，促进国际合作。

经济全球化的另一结果:①增强了对发展中国家资源与市场“掠夺”的强度与广度,使穷国与富国的差距进一步拉大;②影响可持续发展战略制定和实施的变数增多;③发展中国家处于劣势和不公平地位。发达国家为强化高科技行业的垄断地位,保持贸易、投资、金融、管理、人才等方面的优势,将把污染严重、高能耗产业转移到发展中国家生产。污染源从发达国家向发展中国家转移。发展中国家还面临着新贸易保护主义的挑战。发达国家通过质量认证、绿色标准、产品配额等措施限制发展中国家产品进入其国内市场。

4.2.2 资本主导的景观过程

1980 年代,一些学者根据洛杉矶地区广泛发生的社会地理变化,发现现实世界正浮现一种新情况、新过程,而这又是传统芝加哥学派的解释模型力不能及的。洛杉矶学派认为全球化是新空间过程背后的主要动力。全球化由来已久,但机动灵活性是当今的经济全球化的一种新特征。快捷廉价的运输和通讯系统使资源流可以就近即刻送达和快速改向,由此可以改变当今的生产消费形式,如柔性专业化的后福特制生产组织形式就与这种机动灵活性相辅相成。

在一个由机动性驱动的快速敛聚的全球一体化经济中,当代城市成为流空间的节点。其中资本及其快速流动性构成当代社会的一大动力特征。资本似乎不经干预而准随机到达一个地方,由此启动当地发展进程。一块地的开发和另一地的不开发两者间似乎并不相关。由此城市呈现一种消费导向的分片联合体景观,各分立片区通过通讯或电邮而在名义上统一化。洛杉矶学派认为,在投机资本主义下,城市外围组织起中心区,通过激烈的碎块化和专业化,城市集聚成为一种离散联合体,而不再是在优势区位上的规模化集聚体,传统的集聚扩散规律就可能不完全适用了。这意味着对城市概念的重新理解,即城市不再是以人口和经济活动的集聚地来发展,而是作为世界城市集群中的分立片区进行。资本和商品的高速流动,可控制一定的劳动力市场、社区甚至国家。资本的准随机性使传统以中心带动腹地经济的发展模式也不再适用了。

4.2.3 生态意义上的一种诠释

按照 1980 年代兴起的洛杉矶学派的后现代城市主义思想,这一时期表现为资本主导下的被动城市化。城市化的被动性在于这一时期人类和生态环境被全球一体化的市场所操纵,以促进大规模生产和消费,劳动力、土地的所谓自由流转,实质是一种受资本控制的流动。资本的机动灵活的一个后果是,它回避了对地方社会经济发展承担的长远责任。在全球化和信息化大背景下,由于资本市场的全球化,伴随相应的专业化分工、即时生产过程,促成短期生产和产品循环。

由此可以对当代城市化动力进行深层次揭示:①城市化是人类和生态(非人类)被市场和资本所操控的一系列活动的结果。在这一前提假设下,城市化的空间过程首先被理解为人类对自然过程及其结果的重新配置。②随着全球集体消费(和对其的依赖性)的范围和规模的增长,制度性行动将复杂生态转为单纯生产的文化因素,由此,自然可以简化为一个以生产和消费为中心的"全球种植园"。③在这一过程中,自然受制于匀质化干预(如区域农业产业结构调整,导致区域对大量单一作物的依赖),以及为维持匀质化干预而应对自然反馈所采取的强力阻隔的行动(如在空中喷洒杀虫剂以消灭单一农作而引致的病虫害)。④作为自然的一部分,人类受制于类似的动力。只有接受文化同化而成为消费者,才可能获得预期收获,文化单一化使社区分解成孤立的家庭单元和个人,以取代相互支持的社会网络,反同化的努力由于不同程度的合法防护措施而不断被挫败。

4.2.4 世界城市的可持续性议题

早在半个世纪前,纽约、伦敦、东京和莫斯科等城市超越本区域而成为主要的"世界城市"(Hall,1966),世界城市结构涉及经济、社会和物质的重构及由此引致的政治冲突(Friedmann, 1995),世界城市是全球商务、财政、贸易和政府协调组合和安排的场所。

但"如果全球经济的增长不受抑制,将对穷人有灾难性后果,对大部分中产阶级也一样";"世界城市中执行了至少一半的商务和活动,对全球化没有任何作为:你不能让城市经济成为一个种植园经济,这里你唯一关心的是你的顶端现金庄稼——高附加值的财政和其他的公司服务"(Sassen, 1991)。"世界城市是一个全球生态危机自我具体呈现的场所",其特征是不确定性、不安全感和公害的普遍深入,Beck 称之为"风险社会"。当"世界城市"一词出现时,实证研究成果表明,这些城市在生态和社会问题(这些问题主导城市政策议程)上极为脆弱。而全球化过程是强化而不是缓解这些问题。

世界城市的概念至多表示关于全球系统中核心区累积过程的一个局部理论(Friedmann, 1995)。它被认作是世界最重要的经济控制地,但当"世界城市成为异常富裕的场所时,它们也是严重不利和剥夺的场所"。21世纪城市发展的重点可能不是渴望成为一个"世界城市",以提升城市在全球经济中的作用,而更要关注的是,全球化对地方的冲击和运用地方特征促进发展行动的期望。即重点不仅是一个城市如何在全球经济中很好定位,还要为全民提供优质生命质量。它要求的技术进步不仅是为了资本积累,也是为了可持续发展(Ng and Hills, 2003)。

4.3 城市增长的一种生态视角

4.3.1 城市的基本特征

城市是地理的、政治的、经济的、社会的、文化的区域实体,是各种人文要素和自然要素的综合体,各种矛盾的集结点,各种运动交错的地方。作为地球表面相当特殊的一种地理空间,和地球的其他空间相比,城市具有以下基本特征:①它占据整个地球的表面积很小,但高度集聚了大量的人口和社会经济活动,它是人类物质财富和精神财富生产、积聚和传播、扩散的中心,是文明的象征。②城市是人类对自然环境干预最强烈的地方,是以人文要素为主的一种地理环境。③城市是一种不完全的、脆弱的生态环境系统,是人类受自然环境的反馈作用最敏感的地方。无论人为的或自然的灾害一旦发生,受害最大的一定是城市。④城市是一个极为复杂而且处于动态变化之中的巨系统。

4.3.2 能源资源的约束

1) 城市的能源依赖

从人类发展史的角度看,依赖有限生化能源(化石能)体系的经济和城市发展只是历史的一个插曲而已。"建立在生化能源基础上的经济发展,前途渺茫"。同样,建立在有限生化资源基础上的生化城市,也只是人类发展史上的一个特定阶段。人类居落史的早期,在还未拥有有效的能源技术和交通运输能力时,居住地必须与能源和粮食产地相连。只要尊重自然生长的限度，通常不会出现能源供应危机，也很少带来过量的财富。人们的生活水平因自然或技术和文化发展水平，会有差异，但差异不大。但工业革命后，能源的集中供应成为可能，运输能力的不断改良，拓展聚居空间成为可能，居住重心从农村转移到城市。

生化城市的第一个阶段相对缓慢，沿海港、河港、铁路货运而发展形成。随着电力传输、能源利用技术、运输技术、能源供应的基础设施和交通设施的强大，通往工业大都市的能源流日趋通畅。跨地区电力组织的发展和汽车的大量生产，促进大城市和超大城市的发展。

生化能源体系奠定工业化基础，进而驱动城市化进程。工业中心像磁铁一样吸引人口。城市创造了唯一有效的文明模式，它提供多样化职业、教育、娱乐、文化传播。大量资本积累转化为工厂、发电站、豪华住宅等建筑方式，成为进步的标志。

2）生化城市的文明后果

现代城市对能源的依赖不断固化。在 20 世纪前半期形成生化能源系统之后，首先是集中和垄断，最终在 20 世纪后半期开始实行全球化。

全球建筑和城市形式走向统一。由于能源和材料的流动无需再顾及生物气候和地理条件，建筑设计和城市规划得以不受地方条件限制自由发展。能源和材料的集中统一供应使得建造房屋可以更工业化，费用更为低廉，但如此建造的房屋，将很快丧失其独立的价值，必须在短期内重建或拆除。通过从遥远它处运送来的能源，电力网络为空气调节系统提供足够的能量，人们可以忽略自然热量的供给，从而感受到摆脱自然束缚的自由。

生化城市的标志是功能中心，表现为生存空间的彼此脱节：工业区、购物中心、体育中心、健康中心、娱乐中心和文化中心，形成一个流动导向的分离性的功能主义（主张形式服从于用途），不断为街道和汽车开辟更多空间，用区划切断城市有机的生活。交通线路成为唯一而主导性的联系手段，并由此成为巨型城市的主要负担。

工作机会，作为分工的关键，在工业中心或大区域范围内被削减，巨型城市面临内部崩溃的危险。一些人尝试将超级城市变为“全球城市”，用这一未来图景来转移人们的注意力，全球城市中心可提供咨询、信息和金融服务以及广告代理、连锁旅馆、软件公司等，但是全球可以担当这样角色的城市数量极为有限。从全球大规模兼并趋势看，企业总部逐渐减少，而城市人口却越来越多。

第三世界的巨型城市将面对永远不会终结的移民压力。“除了离开别无选择”，好像农民进入大城市贫困区就意味着发展和进步。社会从农村体制迅速跃入中心化的能源体制中。农村劳动力外流的结构性原因有：①农业生产“现代化”，摧毁了小农经济的生存基础；②政府偏重城市的能源供应政策，农村居民无法获取经济和文化发展所需的商业能源，或无法支付或获得相应的技术。农村劳动力外流带来城市灾难性增长，进一步形成整体经济发展的能源瓶颈效应。

第三世界的农村地区面临历史上最大规模的社会和文化崩溃。世界人口的一半，30 亿人的生存依赖于农业生产。而“经济现代化”的方案是，人们到生化能源体系中索取，而不是在他可以生活和工作的地方进行创造。如“南非发展联盟”1996 年策划的连接大型发电站的高压电缆项目，计划兴建从赤道到好望角的电力网络，“事实上却是一个有组织的引导文明误入歧途、毁灭文化的怪物”。高压电缆经过无数村庄，像磁石一样，把经济活动吸引和集中到电缆沿线的周围地区，刺激农村劳动力外流，农村留下的只有老人，家庭结构解体，新的家园只能是城市贫民区的铁皮屋。

3）对全球环境的负债

20 世纪的城市化过程普遍存在土地挥霍现象，这种“乡村式”城市看似可持续，但其高消费、高耗能、高排出的城市运转形式是区域和全球环境所无法维持的。有充分证据表明，现在的城市发展确实在破坏地球生命保障系统，尤其是城市对更广泛地理范围的环境影响。一个城市可以将不可持续的需求转移至其他资源产区，或将废弃排放物转移到其他区域，在短期内也能改善当地的环境条件。但从大空间尺度看，该城市“适宜”的承载力是以其他地区的环境退化换来的。从大时间尺度看，城市化进程的不断推进，将使地方与全球可持续性的相互依存程度越发明显，该城市仍将遭受到全球环境变化的影响。

4.3.3 不可持续增长特征

城市作为一种巨型异养生物，其运行依赖于物质的代谢过程。复杂有机体的生长一般是有序的增长，远在达到资源局限所规定的极限之前，组织生长过程就会停止下来。如哺乳动物，其组织生长程序从内部规定了生长的极限，当组织达到预定功能，为了不破坏结构稳定性，生长会自动停止。但有一种生长是破坏性的，生长速度不可控制，一下子破坏结构稳定性，导致组织瓦解(金涛等,2007)。

众所周知,癌的特征就是细胞与组织的不可控制的增长,并最终摧毁其宿主——有机体的完整功能。“为增长而增长,乃癌细胞生存之道”。20世纪下半叶,经济全球化进程加快,全球资本主义体系开始形成,城市明显表现为一种凶猛榨取的生物,从内部加速母系统崩溃。城市扩张表现出癌扩散的四个主要症状:

(1) 无法控制的快速增长。资本的趋利性导致一种传动扩张机制,人与空间被资本支配,以促进大规模生产与消费。资本与国家相结合,城市被规划为一台消费机器,不断通过“占有空间、生产空间”来缓解资本日益积累和增长的矛盾。

(2) 邻近组织的侵入和毁灭。病理上是一个基因跳出,吸引周围组织,并进行功能运作。母城、新区、新城、再新区,不断向周围蔓延,形成离散分立、以消费为导向的城市集合体景观。

(3) 转移。通过快捷廉价的运输和通讯系统,世界外围区也成为扩张基因滋生的温床。资本准随机到达地方,并由此启动发展进程,导致土地随机开发和再开发,城市空间剧烈碎片化,通过碎片反复复制这种扩张基因。

(4) 同一化。制度干预将地球复杂生态转为单纯生产型文化景观。个体特征消失,经济文化特征全面统一化。远离全球生产系统就可能被边缘化,人类受制于这一压力,为促进其预期收益,必须经历成为消费者的文化单一化过程。

4.3.4 内在扩张机制分析

人类发展史也是一种城市的扩张史。人类为了生存和更好的生活福利,早期通过农具和耕作技术,促进粮食生产和人口增长,居住集中产生原料消耗和废弃物处置问题,继而土地贫瘠化,要求领土扩张。罗马帝国时期,一个城市因为资源贫乏开始对外征战,罗马的农神变成战神。

近代以来,工业化尤其20世纪下半叶开始的经济全球化,通过城市这种物质载体,在加速和加深全球生态危机,而危机的根源正在于人类固有的一种内在增长机制。城市空间研究的政治经济学派从生产角度研究城市,侧重机理与冲突分析,提出在“经济萧条-城市重构-经济繁荣-新矛盾和危机”的周期循环中,城市化过程成为资本不断扩张的一种主要工具。如大卫·哈维关于资本的三种循环运动,勒菲费的剩余价值二次循环的观点。

大卫·哈维认为城市化的本质是资本的城市化，城市空间的创建和生产的目的是实现资本的积累和利润。哈维描述了资本的三种循环运动：①资本的第一循环过程，即工业资本的生产过程，由此导致资本过度积累，表现为商品过剩、资本闲置、劳动力闲置。②为应付资本第一循环产生的危机，资本被投向“第二循环”，包括投资于城市人造环境的生产，物质基础设施或其他固定资本项目。但固定投资的回收期长，为追求新的更具生产力的固定投资项目，必须加速老投资项目的贬值甚至毁坏，空间结构由此不断被重新建构。虽然资本积累在城市生产领域得到增强，但继续积累的空间仍有限。③资本开始向第三循环转移，转向科学技术研究和向劳动力再生产过程相关的社会开支（如健康、教育）。但投资仍不能消除过度积累的危机。④危机通过“空间整理”解决，即在全球寻找新的投资地方，投资转向不发达国家或地区。

勒菲费也认为，早先，工业化造就城市化，现在，城市空间生产控制工业化、经济增长和资本积累的基础。剩余价值从第一次循环（生产领域）转到第二次循环（再生产领域）。第二次循环是由地方政府和国家政府组织的城市化空间的生产，这种生产通过资本集中和积累进一步扩展到全球层面。

总之，城市空间的生产和重构，类似于制造和改进一台机器，都是为了实现资本的高效运转，并创造更多利润。资本从工业领域（工业化）到城市空间生产领域（城市化），进而再到全球工业和城市空间生产领域（全球工业化与城市化）。在资本整个扩张过程中，城市本身不断实现自我的增生扩散。生产扩展到越来越多的世界人口和资源，也加速了世界性全方位污染的蔓延和自然资源的耗竭。

5 城市可持续性概念模型设计

可持续发展是以不损害地球生命保障系统的方式，提高所有人的生活质量和潜力的一个过程，可持续城市要求在改善居民经济和社会福利的同时，最小化资源使用量（输入）和环境影响（输出）。要实现这一目标，涉及城市的环境-经济-社会系统的全面重构，为此，本书尝试构建城市生态系统运行的一种概念模型，以解释城市系统运行进程，为沟通科学领域与实践行动领域提供系统框架。

5.1 模型的前提

5.1.1 剧变中的城市

近一个世纪以来，世界城市化进程加速，人类通过城市正在重塑地球表面，城市成为对地球环境影响最大的空间单元。

伴随全球性产业从初级资源加工，到制造业、服务业，再到知识型产业的转型，世界处于剧烈变动之中。城市自身也处于进化之中，变化中的城市与变化中的周围世界相互作用，城市环境可持续性目标也不再是一个静态的蓝图。

几个世纪来，中国农业社会形成的城市控制农村，农村服务于城市的自给自足的城市区域模式正趋于瓦解。自改革开放的市场化转型以来，沿海地区的许多城市开始“两头在外”的开发战略，即利用地方资源，结合劳力、土地、资本，加工地方性或进口原料，沿特定交通路线出口商品。地区资源决定其比较优势及其经济分工。城市对生态环境影响的广度和深度不断扩大。

这一模式渐被未来后工业模式取代——城市成为全球网络流（物流、资本流、信息流）的节点。城市向外蔓延，城市活动集结在城市边缘（边缘城市），形成生产和消费的新节点。零售、商务、主题公园与全球网络流相连（图 5-1）。城市区域在全球城市等级序列进行经济和文化地位的竞争。城市区域有机体的输入-输出被全球流主导，城市运行开始依赖于全球生态环境，而不再是地方性资源和容量。

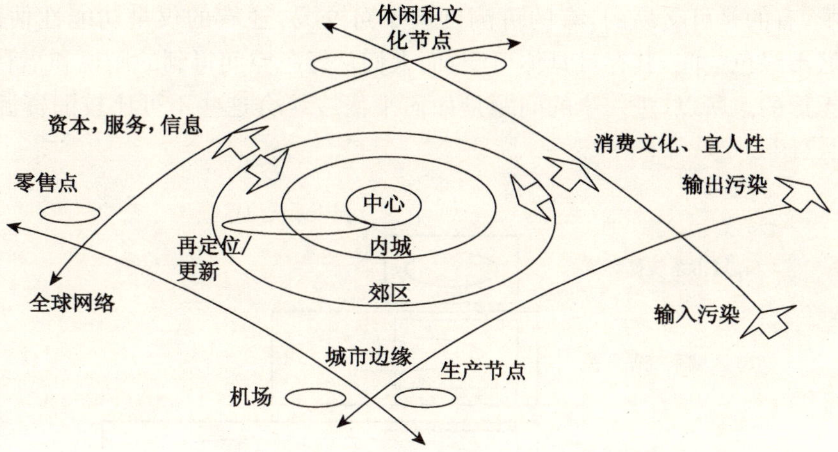

图 5-1　作为信息处理器的城市（后工业时代全球性城市的一般流）

图片来源：根据 Ravetz J. Integrated assessment for sustainability appraisal in cities and regions[J]. *Environmental Impact assessment Review*，2000：39 相关内容绘制.

5.1.2　环境可持续性标准

城市系统持续生存的基础是生态循环，即水、碳等物质通过生物圈的循环流通。城市线性代谢过程（资源消耗、污染排放），倾向于破坏这种循环。但如果这种破坏保持在生态系统的弹性修复能力之内，仍是可持续的。

城市区域的自给自足，即运用地方性资源满足地方性需求，是可持续性标准的起点。地方性生产并消化，养分回归土地，实现生态循环，因而是可持续的。全球化背景下，城市成为全球网络流（物流、资本流、信息流）的节点，城市有机体的输入-输出被全球流主导，如果城市活动的存量和流量的总体环境影响是可接受的，全球生态也可能是可持续的，如在其他地方种植的森林能抵消城市排放的二氧化碳量。

将生态循环概念运用于区际贸易。一城市购进另一城市生产的商品，可视做征用其生态产量或光合产品，需向这一城市补偿。更进一步，城市间一种商品的贸易，可能改变或破坏自然生态循环，而多种商品在城市间的交易，其经济活动的环境影响范围随之扩大。

可持续性标准要求人类活动的各种存量、流量能置于地球环境承载力内。这需要一种明确的方法计算资源的开采、使用、替代，通过指标来分析流量和存量间的平衡。研究各类存量和流量的问题相对复杂，因为这些资源中,有的是可交易的,有的可测度但不可交易,还有的仅是功能性估值。如城市绿色空间,其存量具体可测,而人们从绿色空间得到的愉悦和福利却是无形的。所以,进一步的问题是如何平衡或统合这些不可比较的资源类型。(图 5-2)

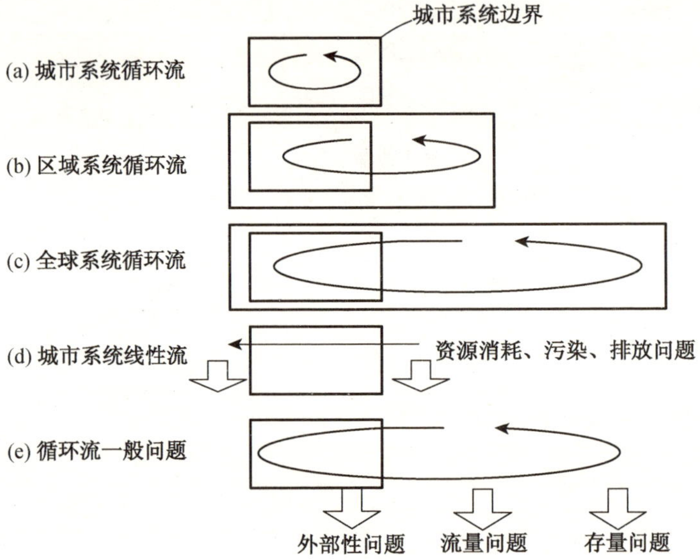

图 5-2　城市生态循环示意图

图片来源:根据 Ravetz J. Integrated assessment for sustainability appraisal in cities and regions[J]. *Environmental Impact assessment Review*, 2000:37 相关内容绘制.

5.1.3　可持续性难题

1) 概念的模糊性

概念模型设计的出发点是清晰的理念和精确的概念。但可持续性已成为一个几乎什么都能容纳的仓库,即一个容器型概念。面对一个还在发展中的概念,缺乏一致性被认为是正常的,“将一些模糊的周围含义归给它,随后通过更多研究和反映来界定和具体化”。

可持续概念是多维度的。作为多维度概念,是不可能被明确界定的:“如同描述一个洋葱,外观简单,但因为它有许多层而不可言传。如果切开,只留下洋葱一层层皮,原来形态消失。每层分开描述,就失去全观。层面只有透明并能看到整个洋葱时,我们才可能看到的不只是表面,也包括其内部”。

2）复杂性和矛盾性

可持续性本身是一个有着强价值判断的概念，城市可持续性因地而异。环境改善并不必然意味着生活质量的提高，甚至相反。如城市绿化美化和生态管理，导致房地产价格飞涨，地方性工商业外迁，移民居无定所。而一个跨国公司的高赢利项目由于有助于提高 GDP 和生态效率，其计划被当作是导向可持续性未来的，城市开始有质的变化，由区域性产业城市过渡为全球性后工业城市，而地方性经济崩溃。

现实世界及其可持续性标准总呈现不确定性和多元性特征，要判定一个城市可持续与否或可持续程度是不可能的，但为管理人类活动的环境影响，评价又是不可或缺的。针对政策、计划、规划（PPPs）的可持续性评价，在方法和工具上尚不明确。（表 5-1）

表 5-1　可持续性评价与可持续性标准的差距

可持续性	可持续性评价的问题
提出理想标准	许多 PPPs 并不能够实现
生态系统相互依存的复杂性	基于对自组织复杂系统的不完全理解
与有形资源同样多的无形价值的存在	基于如资本、产量等可赋值的概念
生态系统无有形边界，但边界界定是关键	边界界定成为最不清晰的阶段

传统科学和实践范式倾向于对现实模糊世界的分离割裂和约减。可持续性提出全面整体关联的要求：①宽时空，代内和代际关联，从地方到全球的关联；②宽因果链，从上游压力到下游产出影响；③宽部门边界，从环境到人类活动的关联；④宽价值体系，社会、经济、政治、文化观点的多元化。由此，可持续性对传统实践范式提出挑战。

3）不确定性和多元性

可持续模型面对两重主题：技术不确定和价值多元化。不确定性是现代科学的主题之一，它包括技术不确定性，但数据和方法的改进能解决这一问题。其他的不确定性则不可解决，如累积性效应的评估。还有结构性不确定性，如自然系统的次优化模型。

多元性主题涉及可能存在的观点、价值系统、可持续性标准的差异性。观点多元，即不同的理解认知意味不同的价值、标准；决策多元，即决策过程影响着问题和对策的界定；政策过程的多元，如决策点扩散和从指令控制向赋权的转型。（表 5-2）

表 5-2 地方文化（或价值观）在实践中的矛盾

价值观内容	可持续性标准	现行实践中的矛盾
未来性	对后代的责任感	大部分都短视
公平性	代内公平	一般很难界定公平，更不用说实现公平
风险	环境预防以应对不确定性	现实常幸存于短期或长期的环境风险
生态	生态中心论或地球中心论	常倾向于人类中心

价值多元化倾向于损害可持续城市的固有标准。如公共交通高利用量，可能意味生态城市，但也可能是贫困城市；高住房密度可能表明生态效率，或社会贫困，或两者兼有。人类福利的指标集往往不可比较，不具体，任何权衡又受制于多元化观点。

不确定性和多元性主题也体现在前述事例中：城市生态绿化是否涉及社会、经济破坏，谁得谁失，结果总体可持续吗？城市变化的结果可能不是简单的好或坏，而更似质的不同。关于城市可持续性的许多平衡表、矩阵方法、指标都在寻求复杂变化的单一总结。评估不在于废弃物和污染等组分变化数值的测定，而是社会经济整体形式，即社会作为整体能否支持这种转变？或新旧形式能否并存？

不确定性和多元性的主题，一定程度上也表明城市可持续性问题的复杂性，由此可见，概念模型涉及两大范畴：①科学理解的问题。复杂系统多要素多空间层面的关联，伴随要素相互作用的时间进程。②实践行动的问题。知识转变为行动的过程，围绕价值判断的发展管理的可能方式。

5.2 模型设计路线

5.2.1 研究起点

城市物质环境是一系列社会和经济过程的结果，这些过程是可持续性问题的核心，决定着走向可持续的速度，并显示出强反馈机制。由偏好而来的一系列决策和行为，会加强非可持续性的一些趋势。如土地利用从农田向建设用地转变，作为一种反馈过程，将使物质环境趋向不可持续。城市边缘新建居民区，为没有便利公交设施地区开发巨大停车场和高速路的基础设施，可能增加道路、交通问题和污染。工业化时代的城市物质环境强烈依赖化石能源的支持与发展。城市作为能源集约型社会（耗能的建筑、土地开发方式、长距离的运输方式），对能源的依赖程度决定着城市体系的规模、格局及其中的运输距离。

资源环境制约着城市，而城市经营方式影响着资源环境。要理解城市系统，就要以物质环境为起点，城市地区某种意义上是依赖于周围地区提供生命支持服务的一个异养系统（奥德姆，2002）。城市经济活动基于持续得到充足的物质和能源和一个充分清洁和富有吸引力的环境。城市环境可持续性的几个基本目标：①更高的能量效率，减少二氧化碳排放及其影响；②更大的原料效率，减少生产量；③提高环境效率以减少风险，加强水、气、地面、土壤的质量以及改善生物量和生物多样性。

研究的起点是视一个城市为物质性有机体，为更高的效率和更低的环境影响不断进行调整和再设计。但城市不仅仅是被设计、可制导的机器，一个城市可视为在全球化和信息化等背景下的一个自组织体系。

5.2.2 设计步骤

为体现生态优先的思想，以生态系统为研究出发点，设计城市可持续发展概念模型，基本遵循认识理解复杂系统的一般过程——白箱化方法（图 5-3）：

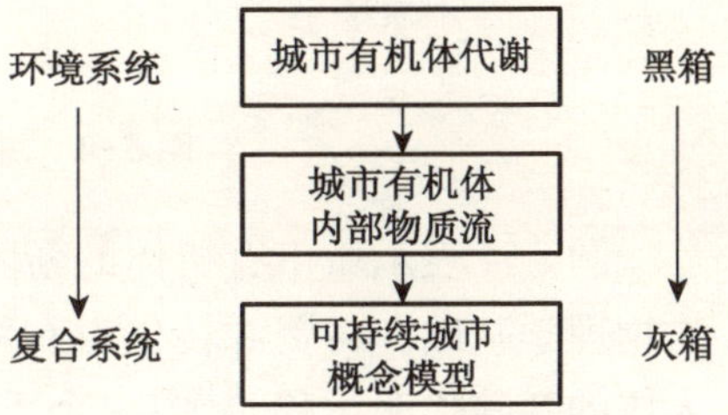

图 5-3 概念模型设计过程框架

（1）区域中的城市。城市作为有机体的能量物质流（城市作为黑箱）。将城市视为纯生物体，分析能量、物质的移动、存贮，废弃物生成回收的新陈代谢过程。

（2）城市主体。从单纯的物质流到叠加人类的能动因素，表现城市复合系统的运行（城市作为灰箱）。城市不仅是一个处理资源和生成废物的有机体，还为人类创造机会。城市被拓展为人类生态系统，将环境维与经济维、社会维相整合，从生物体新陈代谢过程拓展至以人为主体的城市发展过程。

5.3 概念模型组成

5.3.1 区域中的城市

1）输入-输出：有机体代谢

城市是人类活动最密集、对地球生态系统影响最大的空间单元，全球和区域环境问题大多源于城市。城市社会、经济和文化发展不能回避自然法则,人类行动要以这些法则为准则。城市最明显的特征是,它像一个不断吐故纳新的活的有机体。与所有消费性生命体一样,城市也有其能量和物质的输入输出,而城市环境问题与输入的增长和输出的处理相关。新陈代谢法是检视一个生物体的资源输入和废弃物输出的生物学方法,这一方法在过去 30 多年中逐渐形成和发展,但很少用于城市规划与城市政策领域。

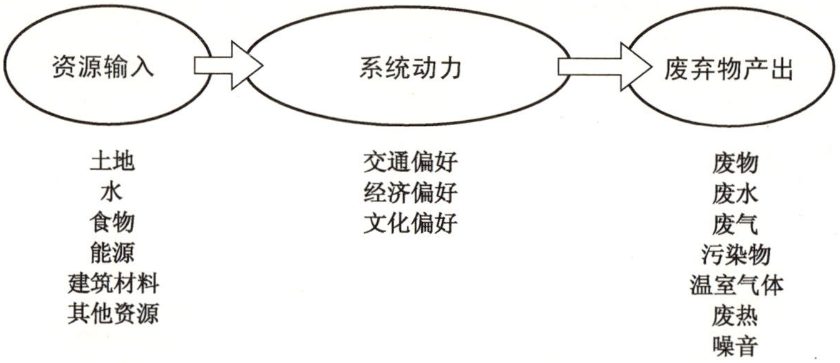

图 5-4　城市的新陈代谢模型

图 5-4 表示城市有机体的新陈代谢体模型。这一模型确定了城市的生物物理学基础。将资源转化为有用产品和废弃物的生物物理过程,类似于人体的新陈代谢过程,其中一个重要理论基础是热力学定律。根据热力学第一定律(能量守恒定律)和物质不灭定律,进入一个生物体系统的任何东西可以从一种形态变为另一种形态,但绝不可能被创造或被消灭。由此,废弃物量由资源需求量而定,形成输入输出的一个平衡。热力学第二定律(熵定律)指出,一切自发的过程总是沿着熵增(无序)方向进行,新的有序状态需要不断与外界交换物质和能量才能维持,并保持一定的稳定性。这也意味着城市废弃物需要能源的输入并与之结合,才能实现再利用和循环。

2) 模型意义:有机代谢体的源头控制

城市代谢的线性特征不同于自然物质循环的代谢,城市确实在破坏地球的生命保障系统。所以,城市政策的一个关键目标是,保护环境的生命支持功能。通过"闭合循环"以真正与生命世界过程相协调,为此,重新设计城市新陈代谢应该成为城市可持续性的优先选择。这要求可持续发展不仅必须"保护"环境,还要求经济社会转变以减少对资源环境的需求(图 5-5)。

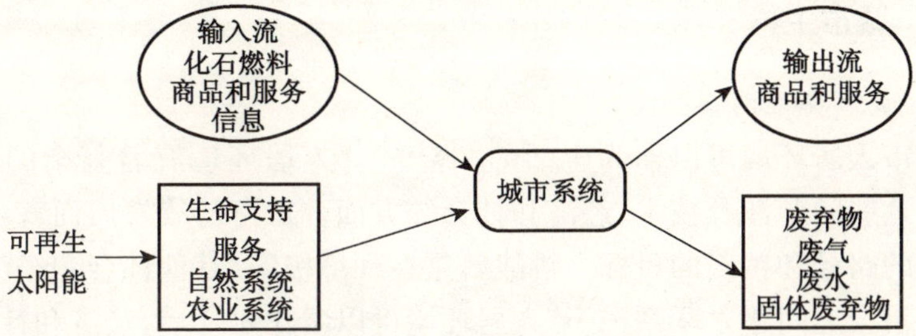

图 5-5　城市新陈代谢的拓展

城市发展要保持在环境承载力内，一个思路是通过技术提高发展的物质性界限，如城市排水系统的改进能加强集水容量。正因为此，城市化造成土地利用的改变，并未导致社会商品和服务供应的恶化。

城市代谢过程始于需求(由人产生)，止于产出结果(作用于人)。需求是经济发展(技术进步、产业升级)的根本动因，而无限制的物质需求也是发展不可持续的根源。面对有限资源环境与人类无限需求的矛盾，从人类需求的源头进行控制和管理，减少城市新陈代谢量是根本途径。传统发展单纯从人类福利(需求满足程度)角度考虑，往往易使发展偏向强调商品与服务供应量的增加，而极少考虑自然资源量。如，商品与服务过剩而自然资产缺乏的发展是可行的，相反，商品与服务供应一旦出现不足，则必须积极干预。在城市化和全球化的负面影响下，地方的商品与服务几乎永远处于供应不足之中。

如何在城市的不同产业、不同部门以不同方式消除环境影响(即产出结果)，一个关键是确立新财富观。城市区域的主要财富包括：人力资本、社会资本、文化资本、智力资本、环境资本、自然资本，这些资本都是“能带来价值的价值”，造成社会财富的积累。基于城市区域资本(资源)复合体的发展是长期且是社会性的，以广泛的社会目标及价值来衡量。如其中的社会资本，是指可以提高生产力的一些社会要素，如社会网络、社会规范和信任等，它伴随社会活动而产生扩散。自然资本越用越少，社会资本却越用越多。社会资本一定程度上可以替代自然资本，甚至物质资本。缩减物质和能源消耗量，未必损害生活质量，而通过民间活动、社会交流，可以提高社会资本存量。在世界许多地区，虽然产品供应和消费水平不高，但生活质量并不低。

5.3.2 城市主体

1）城市要素网络

城市人居环境可以作为生活的“容器”,“人居环境有着复杂的内在联系……这些问题涉及技术、经济和社会等方面。对可持续发展而言,几乎没有清晰的路径和精确的目标。挑战就是在环境极限、其他社会和经济目标、需求和机会之间建立联系……”人居环境可以看作对环境、经济和社会三种过程共同作用的实际结果,要使人居环境可持续,就必须研究这些具有内在联系的动因。

人居环境的组成:①建筑、土地、开敞地、街道和其他形式;②规划布局,以城市和乡村形式存在的时空布局、房屋的邻里关系设计、街道规划;③发展趋势(驱动力),城市化压力、乡村社区压力、家庭的趋势、能源、交通、材料、废弃物的需求等。运用这些组成因素,通过一个一般模型,体现人居环境复杂的内在关系(图 5-6)。由此可知,任何活动都可或多或少地影响到系统中甚至更多、更远的因素。

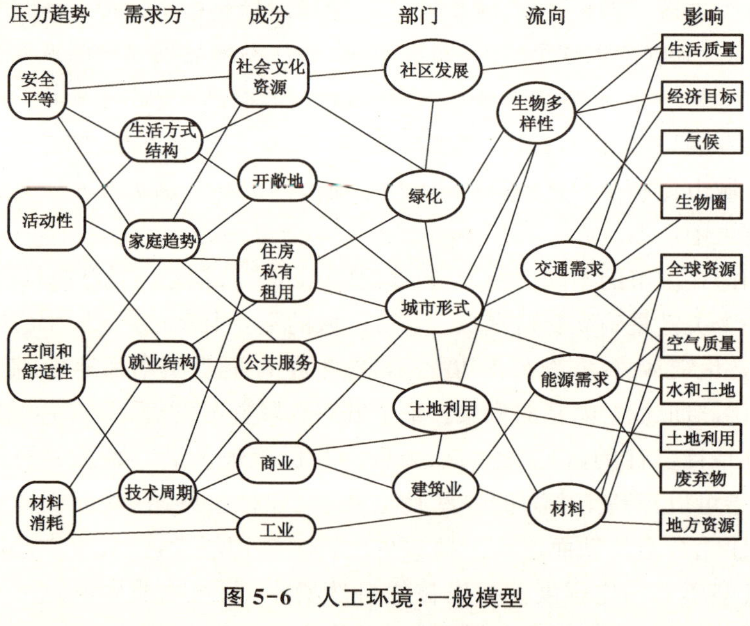

图 5-6 人工环境:一般模型

可持续的重大任务之一是,建立政策来反映这种表面上处于无序状态的情况。模型的驱动力是对空间、机动性和消费的社会和文化压力。由此各种组成成分和规划布局构成需求趋势和环境结果的中间成分。分析这一模型，有助于理解对环境影响的巨大和广泛程度。现代人居环境在观念上的挑战是要采取更全面的发展管理模型。

2）可持续自进化系统

由于生态系统的层序结构，一时一地一层的要素的表现不能代表其真实状态和长远轨迹，任何可持续性研究有赖于指导性框架。生态系统不存在固定边界，研究目的往往决定研究中的边界选择和确定。

城市是以复杂系统为特征，依靠内部关系的自我调适形成的自组织系统，城市经济系统或社会系统都不是系统因子的简单产物。系统的可持续性就在于系统生存力及在此基础上的整体进化能力（表5-3）。

表5-3 城市自进化系统的能力要求

系统生存力（系统存活）	系统整体进化能力（系统健康、柔性）
效力（有效性）：根据资源总量而利用资源 活力：变化中的结构维持或自我平衡的能力 适应性：对系统环境演化的适应力 共存：与更高或更低层次系统的兼容度	控制反馈和交流：即应对变化的内生力 自组织：创新和差异多样性生成能力 再生：向更高自组织层次的演化能力

系统的复杂性和整体性带来系统的不确定性（不可预测性）。自然界演化有明显的可预测性，即表现为周期性活动或组织形式再现，甚至包括可持续农业方法。但在以人为主体的社会系统中，如城市的空间安排，即使存量、流量一定，仍可以有不同的空间安排形式，但很难确定哪一种形式是支持或阻碍人类福利。一个基本原则是，只有这种空间形式是自组织且基于人与自然的一元整体观时，其支持的活动才可能是持续长久的。

对于可持续性的复杂性问题，系统科学有助于关联不同类现象，并查证其因果关系。城市的任何一个部分（一间住房、一个公司或整个房产业），都是一个能应对压力、实现某种功能而持续生存的系统，并可用存量、流量、类型来表示。通过存量、流量和类型的关联，可以统合发展系统中不可比较的各类资源（图5-7）。

3）需求-结果：组织信息体

环境问题主要表现在经济活动的输入（开端）和输出（终端）两个环节。在开端，资源摄取量超过自然生长量，导致资源退化或枯竭；在终端，废弃排放量超过环境容量，造成污染。将城市有机体输入-输出的上下游沟通，可以发现，环境问题实质在于人类需求与产出结果之间的失衡和失调。可持续城市是在城市需求与产出之间的一种平衡。将城市视作介于

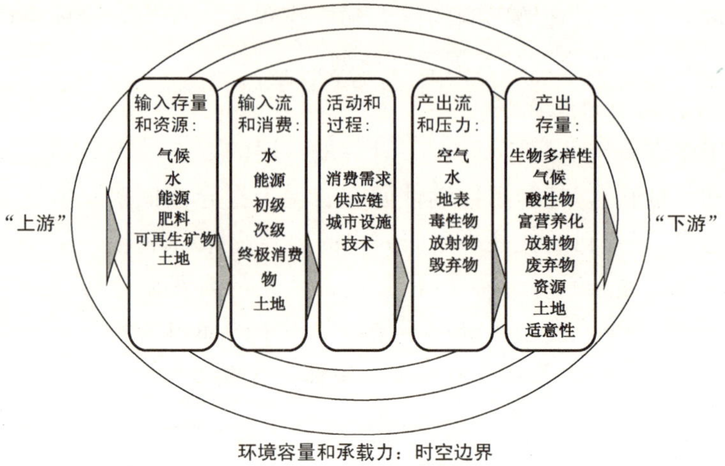

图 5-7　城市有机体：物质流和过程的框架

图片来源：根据 Ravetz J. Integrated assessment for sustainability appraisal in cities and regions [J]. *Environmental Impact assessment Review*，2000：43 相关内容绘制.

需求与产出之间的活性有机体，环境-经济-社会三维分别构成一个自组织体或分析单元，各自近似因果链表现为：①环境系统的循环过程，环境资源-流通-过程-排放-状态；②经济系统的一般流通过程，经济需求（量）-供应（量）-货物-消费-福利和环境影响；③社会系统较定性化，但也有需求基础上的基本关联：人类需求（量）-活动-机构制度-结果和环境效果。各领域的可持续性就是探寻各系统能在多大程度上满足需求，同时又能保护环境（图 5-8）。

可持续性主题在于环境-经济-社会三维间各体系的相互关联和协调，在此基础上实现系统共同演进。经济活动造成环境变化，而经济压力往往源于社会需求。将三维因果链整合，将城市区域的文化、社会、经济、政治、物质、空间、技术、环境等维度结合成一个有机整体（图 5-8）：文化和生活方式产生期望，通过市场机制和活动，人的期望形成社会经济需求。市场力与城市的物质设施（如道路网）、组织制度（如税收等）相互作用，通过产业、技术来使用资源，产生排放等外部影响。最终产出是对生态系统（包括人类和自然）健康的影响（可正可负）。城市发展受全球和国家大背景的影响，在此基础上，城市系统主要由地方的系统机制来制衡。由此，城市有机体从物质能量的输入-输出流提升为介于需求与结果之间的一个信息有机体，包含系统开端、终端及其反馈循环轨迹。

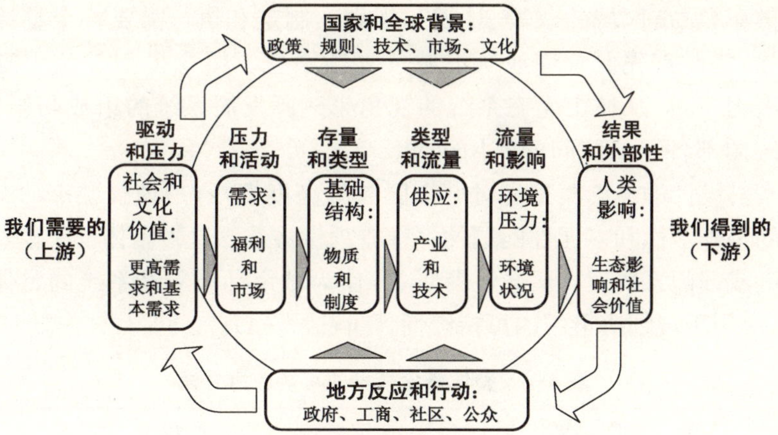

图 5-8　可持续城市的一个概念模型

图片来源：根据 Ravetz J. Integrated assessment for sustainability appraisal in cities and regions[J]. *Environmental Impact assessment Review*，2000：44 相关内容绘制.

4) 模型意义：学习型城市

城市实质是以人为主体的"社会-经济-自然"复合生态系统。人的需求是城市区域系统演进的根本动力，系统的最终结果又作用于人。人很难直接控制管理生态环境，但可以通过改变人的行为间接影响环境。概念模型表现"人类需求-环境后果-人类响应-环境改善"的因果循环；沟通了从地方到全球、从代内到代际的时空关联；展现了自然环境与人类活动的关联；是社会、经济、政治、文化观点多元化下的一致行动的要求。由此可见，要实现城市环境目标(如二氧化碳排放)，必须依赖于社会、技术、经济、政治、文化维的全面整合。

根据可持续发展经典定义"满足当代需求的同时，不损害后代满足其需求的能力"，人的需求是城市系统演进的根本动力，但也是发展不可持续的根源。以人为主体的系统转型，重点在于价值观、机构组织、公众、社区、工商等，机械控制论可能难以胜任。传统发展规划正是对社会规划过程的重视不够，阻碍了学习和创新。对于城市复杂的自组织系统，规划管理必须运用更综合的资源优化配置的方法。

5.4　模型评价

5.4.1　作用

城市要实现从线性代谢城市向循环城市的转型，以保持地球生态系统的健康，城市区域的政策、计划和规划的制定和执行需要一个整体框架的指导，为此首先要合理地认识城市复杂系统。概念模型是认识复杂系统的有力工具，从城市生态系统的视角来刻画发展系统的组成与结构，以及系统内部各子系统间的作用机制。

本书设计的概念模型是对城市区域的高度概括，是理解城市动态复杂系统的不确定性和多元性问题的一种概念性方法。这一整体框架模型可以为地区或部门系统建立概念性背景，并作为城市动态复杂系统的整体框架模型，应用于规划决策中的可持续性评价（表 5-4）。

表 5-4　整体概念模型的可能应用方面

	方面	模型框架的用途
应用	系统结构分析	作为可联结供、需、排放的设计模型
	环境经济存量、流量的核算	作为共同比较的结构性工具
	环境影响评估和战略评价	作为比较驱动力、压力、状态、产出和响应的一个结构
进一步的应用	指标和其他管理工具	提供指标关联的一个因果链，为分立的信息片断提供一个逻辑背景
	经济评估	有助于货币流以外的社会环境因子的识别和特征化
	说明性和机构性分析	更定性的表现方法，以查证认知或政策领域的观点和价值体系
	系统模拟和预测	用以对因果链中不同类因子分类，为问题与结果的比较提供平台

5.4.2　局限性

现实世界的复杂性远超出主体的知识范围，概念模型无法完全揭示世界的本质，但提供一个认识世界的工具，丰富人们对发展系统的认识。关于城市系统一般性解释模型，更多侧重宏观层次的模型思想的诠释，不能解决中微观层次的精确分析的要求。

不同的视角对可持续性系统的界定和理解差异较大。本研究仅从生态整体的角度诠释的城市可持续性运行，必然带有一定的局限性。本研究探索可持续性“生态城市”的概念，表明生态与社会的强关联性，模型进而也表达一种“社会城市”概念，但对经济、技术等层次的系统解释力相对不足。

本研究将生态系统置于人类的更高层次，对当前以经济为首要任务的城市地区发展，其生态优先的理念付诸实践，在操作上尚有待地方政府和群众的支持。

6 概念模型的一种实践思路

发展既是理论问题更是实践问题。以人为中心的城市系统，即使能够充分科学地理解复杂系统的运行过程机理，也并不意味着就能实现对城市发展进程的完全调控。

城市是对地球生态影响最大的空间单元，城市发展方式对于可持续性至为关键。如何将城市发展引向可持续轨道，成为当前国际城市发展实践领域的热点问题。概念模型，建立城市发展实践与可持续性的关联，沟通科学领域与政策行为领域，从而为可持续性决策与行动提供一个发展框架的引导。同时，概念模型也是面向可持续未来的规划决策的必要基础。概念模型的设计正是为了判断目前努力是否偏离方向，并测度与可持续性标准的距离。所以，它可以用于检查政策和实践活动的绩效，辅助政策选择与政策评估。

6.1 整体发展的实践观

城市有机体新陈代谢是一个线性系统，能源从一端进入，废物从另一端产生。日益增长的城市可持续发展活动表明，许多这样的线性系统已经转成循环系统，通过环形系统，废物产出又为能源输入提供了原料。事实上完全闭合这个系统是不可能的，但是将其做到一个比我们现在做得更加深入的程度是有可能的。为降低正在加强中的不可持续趋势，考虑输入到城市中的资源和输出的废物之间的平衡是必要的。

6.1.1 传统理念及其手段的局限性

“人地二元”强调人类的绝对价值，实质是源于西方工业文明的“人类中心主义”的价值体现。“人地二元”的认识根源是主客分立，即人与自然的割裂、主观与客观的对立、事实和价值的分离，它与近代科学的理性思想（视自然界的事物都要纳入理性的控制和确定性之下）相结合，使主体性更加膨胀，人与自然的矛盾激化。可持续发展范式是对主客二分的思维方式及其科学范式的反思。①现实世界是由相互作用的关系网络构成的整体。可持续发展范式承认传统科学范式的还原分析法（即将事物整体性质归结为最低层次的基本实体的性质）具有一定程度的合理性，但特别强调对整体系统所有非线性关系的完整把握。②复杂系统的不确定性。由于系统内部众多因素非线性相关所形成的不稳定性和随机性，机械决定论不足以描述系统。③自组织系统的动态不可逆过程。可持续发展不仅在于被动响应，更要求危机预防。④机械世界观对世界分离割裂和约减，而可持续发展强调复杂系统的生态整合。

引导城市实现可持续发展，规划不是最理想、但却是目前为止最好的工具。但价值偏差导致实践失当，传统规划手段难以真正落实城市可持续发展：

（1）规划方法上，单纯强调技术过程反映了一种传统控制论思想，视城市发展为一种可设计可指导的过程，但全球化、信息化时代，以人为中心的城市是一个复杂自组织体，存在不确定性和价值多元化，难以预测并精确指导。

（2）规划实施上，通过空间规划（主要是土地利用规划）引导城市发展有许多局限性。但现实调控又较多集中于土地利用等空间区位政策，较少关注城市生态循环过程，尤其是对人类需求的调节。

（3）城市规划与生态关系上，环境影响评价虽已立法并逐步付诸实践，但对照可持续性标准，评价工具本身尚有许多难以克服的障碍。城市规划环境影响评价实际操作时侧重问题辨析、诊断，却忽视问题和部门间关系，以及对这种关系的评估。只考虑环境承载力或实施方案的环境影响，提出应对措施，而不是重新设计城市系统。

机械决定论体现于发展规划领域，城市被视作“机器”，规划实质是根据传统控制论原理，通过技术手段实现特定地区的预定目标，完成“目标-途径”的制导过程。但城市更是一个全球化、信息化背景下的自组织体，自组织体的特征在于寻求内部关系的自我调节，而非外部的最优控制。近年来，系统控制过程从强调对预定目标的系统调控优化，而自然推导出发展结果，转换到强调不确定目标下，对相关复杂问题的学习创新过程，通过学习型机构来引导系统进化。应用于规划过程：①从强调传统规范目标，转到强调确定一个实现目标的最佳条件和组织结构；②接受一个与解决问题相关的，可自我调整的目标。

6.1.2　规划决策的三个层次

传统规划致力于组织与人的需要一致的、与环境和睦相处的空间秩序，一般操作手法是：①诊断-分区-措施的工作路径；②预测-供应（土地、住房）的规划传统；③关注邻里、宜人场所的设计；④生态方面，确定哪些是可开发土地、哪些是不可开发的保护区。最终，落实在地区规划图上。这一规划方法无法应对可持续性的未来性、生活质量的要求，规划图的线条难以表现系统动力过程；无法显示精心设计的发展所能带来的“生活质量”的增长幅度；未认识到对大多数人的生活质量，日常普通场所的重要性。

可持续规划要在更多的约束条件下，针对更宽泛的目标，经过艰难决策和不断实践，最终改变人们的行为和改变人与自然环境互动的关系。一个规划方案的成本-收益评估，以及方案实施的累积性效果的理解，因不同权益人的价值判断而异。在技术过程中植入一个社会（政府、企业、社区等）参与的过程，是价值多元化时代决策与行动“合意一致”的基本要求。可持续性关注系统内在的自我调整和更新能力，通过有效信息-决策-行动-再反馈的自我调整和自我发展机制，引导社会的生态意识，实现人、城市与自然的协进。

将规划决策分解为三个层次考虑：第一个层次是常规的成本回报法。这种方法谋求在技术过程内实现系统的统筹考虑，属强整合。这一方法可以促进各备选方案可能的意义的研究。但假设是所有问题都界定清楚、各种选择方案也已明确、政治上做了进退有略的安排，规划人员的工作只是对各方案做成本-收益计算，就可以进行发展轨道的“调度”。但现实世界并不像我们界定的一样，尤其涉及生态问题。客观的成本-收益分析往往是主观判断的结果。

第二层次是制度和政治的分析，谁干什么，为什么干这些。地方各种权益相关人成为庞杂而互动的游戏中的主要角色，在很大程度上左右着生态环境。政治体系，包括各种联盟和派系，就是互动游戏的结果。环境问题研究的深入，就要设疑：这和谁有多大程度的关联，形成什么样的联盟，形成什么样的基本情势。在权益人和决策者之间来进行环境影响的平衡，也许可能找到发展干预的突破点。这种通过政治过程来统筹系统各要素，称为弱整合。

第三层次的分析，技术过程与政治过程的结合。John Friedmann 在《公共领域中的规划》中提出："规划理论旨在解决一个超理论的问题，即如何通过规划有效地将技术知识转变为公共行动。"其核心是知识与行动的关联。规划是实现从现状到目标的手段，规划的前瞻性要采用趋势-目标分析方法；而决策与行动的合意一致性要求，涉及公众、部门之间的关联，规划是在此基础上的技术过程与社会过程的沟通。可持续性关注系统内在的自我调整和更新能力，通过发展过程中的学习和调适，形成反馈机制。

6.1.3 综合发展的主要任务

可持续发展进程的障碍，不仅仅是对城市系统的科学理解的问题，还涉及知识转变为行动的实践领域。未来人与自然、城市与地球环境的矛盾更加突出，技术将提供决策所需的广博信息，规划要在"合意一致"的基础上进行正确决策，管理工具将计划变成行动，最终改变人与自然互动的关系，形成与地球承载力相平衡的社会生活和生产方式。

实现城市从线性代谢到可持续性城市的转型，需要城市区域的空间、技术、经济、社会、政治、文化各领域的全面重构：①使环境安全、可达、活力、宜人的空间结构；②提高环境品质的各种技术创新；③更具竞争力、公平的非物质化经济活动；④凝聚、机会和包容的社会重构；⑤有效管理和基层赋权；⑥倡导低物质消费和高生活品质的现代文化。单纯通过空间规划（主要是土地利用规划），或单纯通过技术、工艺等创新来提高资源环境效率，虽对生态环境的结果都有成效，但很有限。

系统动力主要来自系统单元间的关联，城市系统的生存进化能力有赖于环境、经济、社会、文化、空间等的相互关联、共同进化：①水平，土地利用体系与文教、卫生、休闲和生态等部门活动的协调；②垂直，国家、区域、地方、邻里层面政策和计划的协调；③环境，城市区域环境系统（包括水、气、土、生态）内决策和项目的协调；④供需，对发展、住房、水、交通等领域要同时考虑供需双方的政策和计划；⑤时序，将近期趋势、压力、目标与更长期战略时限结合。

实现城市区域各维综合协调的组织制度保证有：①组织机构，通过学习型方法技巧，为多元利益主体和社区参与提供组织结构平台；②规划资源统合,围绕规划目标的资金、资源、计划、项目的协调;③制度建设,培育公私伙伴关系、网络节点,形成合适有效的规划实施运作能力。

6.2 可持续整体评估方法概述

在快速变化、多元多样而相互依存的世界,一个城市的发展很少能确定是可持续的,所以城市可持续性的评价是不可能的,但为了管理城市活动的全球化影响时,可持续性评价实践又是必需的。

可持续性概念模型将城市发展实践与可持续性目标相联系,通过统合经济、空间、社会、环境、政治、文化各维的现状、趋势、目标、阶段性目标,将各种政策建议或行动方案纳入整体框架模型和现行趋势中。由于技术的不确定性和价值多元化,评估一项决策或方案的可持续性,是科学领域与政策领域的一个关键问题。解决这一难题要求探寻不同类型知识体的关联途径。

将概念模型应用于可持续性整体评估,要解决的关键问题是,对科学领域和政策领域、定量因素与定性因素之间的关系的处理。如文化经济因素如何能结合进上下游之间的因果类型。对策是简化能简化和定量化内容,提供一个框架考虑更复杂和定性化问题。由此,通过整体可持续城市评估方法(ISCAM),以沟通技术问题和政策(公共)问题的鸿沟。整体评估操作的重点任务是检查当前趋势与选择目标间的政策差距。

6.2.1 方法:从愿景到行动

可持续性整体评估的主要目标是简化复杂系统:在定量与定性因素之间引出操作边界;提供可持续性问题整体决策的系统整体背景(表 6-1)。

表 6-1 概念模型应用于政策过程的工作任务

过程	工作重点	任务	主要内容
愿景阶段	确定问题和对策的空间、行动人、部门范围	探索价值观、目标、优先性、界定问题、系统边界	通过探讨愿景和优先选择来探索价值观、目标和优先序
			确定时空范围和边界
			根据整体框架模型探索系统结构和联系
			辨识国家(全球)政策、市场和其他外在因素
			探索社会经济、政治、文化的挑战与机遇

续表

过程	工作重点	任务	主要内容
方案阶段	探索当前和未来可能性。在方案核算软件支持下沟通社会问题与技术基础的关联	现状和未来可能性的系统分析和核算	安排一个核算基础数据库(本年度或上一年度)和一个基于当前趋势和设计的常规事务(BAU)核算
			改变主要驱动指标的目标和内容,产生可持续发展的备选方案:内涵的探索讨论
			通过趋势-目标指数作为行动向导,将可持续发展方案与 BAU 比较
			探索与其他具体模型的联系,如经济预测、土地利用(交通)模型、排放模型或更定性化问题
行动阶段	运用一个反复迭代过程,从未来的情境工作拉回操作决策	实践约束下的政策、战略、程序、项目的含义	探索可持续发展和常规事务间的障碍和约束
			形成可持续发展方案的策略、政策和行动
			实践程序和项目的行动要求
			可能情况下运用一个更长远术语,评估结果和调整初始方案和标准

可持续性评估方法主要是用来帮助用户创造性地从愿景到行动状态。根据目标和地方性资源确定过程,而不再是传统的调查-分析-计划方法。由此将从愿景到行动的政策过程与从上游到下游的整体框架模型在三个阶段结合起来(图 6-1)。

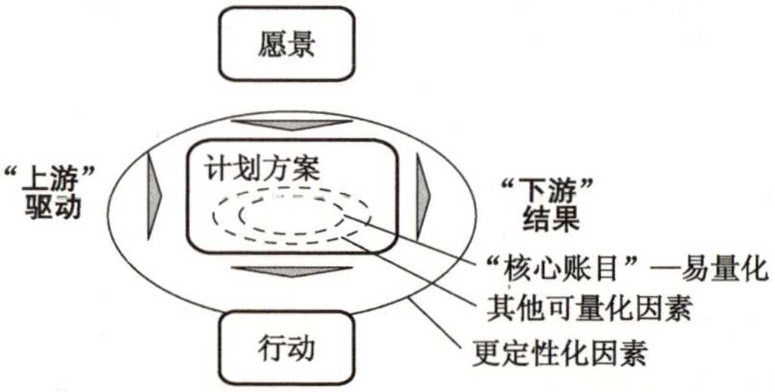

图 6-1　可持续性整体评估方法和方案工具的一般范围和过程

图片来源:根据 Ravetz J. Integrated assessment for sustainability appraisal in cities and regions[J]. *Environmental Impact assessment Review*, 2000:47 相关内容绘制.

6.2.2　内容:ISCAM 模型关联

当前经济或环境的计算模型一般都很复杂并要求大量数据,非专家很难运用。可持续性评估软件核算模型简易、基于非专家使用的 Excel 数据表,运用最少量数据。一个城市的整体输入输出显示在几张纸上,等同于一大型组织的报告单,每张纸通过如能源或用地等易定量化因子连接(图 6-2)。配有算值的各行业各显示在一页纸上,无黑箱内容,所见即所得。

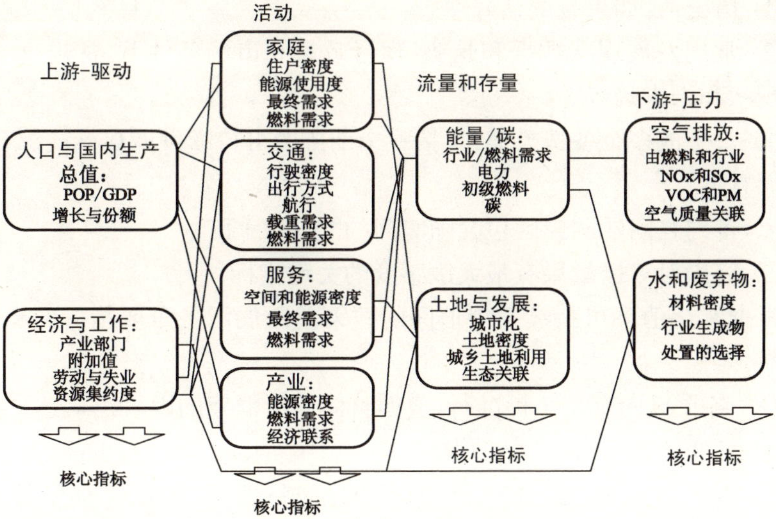

图 6-2　ISCAM 模型关联

图片来源：根据 Ravetz J. Integrated assessment for sustainability appraisal in cities and regions[J]. *Environmental Impact assessment Review*，2000：49 相关内容绘制.

(1) 各模块占数据表一页，各页横向包含一标准列(图 6-3)：

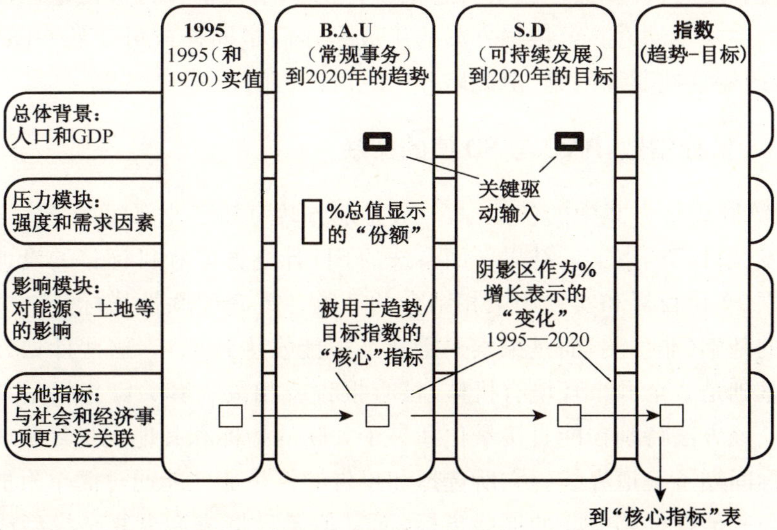

图 6-3　ISCAM 核心报告(各核心报告页中指标和计划方案的关联)

图片来源：根据 Ravetz J. Integrated assessment for sustainability appraisal in cities and regions[J]. *Environmental Impact assessment Review*，2000：50 相关内容绘制.

① 历史值(如果有的话)。

② 常规发展现状数据和趋势:现行政策和市场条件下,常规行动设定下的现状和未来趋势。

③ 一个或多个备选方案:包括一个期望的可持续发展目标或综合性未来计划方案。

④ 各列之间的阴影区包含随时间的“变化因子”。

⑤ 突出对终极结果有最大敏感度的关键指标。

根据常规值和可持续发展值间的政策差距展示各重要指标的趋势-目标指数。

(2) 各页纵向有一个标准行,遵循整体评价框架的因果逻辑链:

① 可变的人口和 GDP 的设定。

② 需求方的强度,如单位 GDP 的形成;需求方的行业份额,如出行形式。

③ 来自供应方的影响,如能源/排放。

④ 相关社会和经济因素的其他附属指标。

上述条目的数据是必需的:所有其他数据由数据表来计算。粗体数据是关键驱动力,许多其他因素与之相连。GDP 增长率和行业比重往往是最基础的主要驱动力。可持续方案的生成是在假定同样或可变的 GDP 增长率下,改变这些驱动因素,由此启开广泛讨论之门。

6.2.3 目标指数:BAU 与 SD 值的关联

BAU 设计方案中的各指标,一般是地方政府和产业部门在经济增长等常规发展目标约束下的结果。而备选的 SD 计划方案和目标集的设计是科学依据、文化目标和实践约束相结合的产物。一套关联性指标是一个计划方案的基础(非预测,而是探索一定意义下能发生什么)。这些计划方案的技术基础是一个城市环境有机体,核心报告或相关一套关键指标是其相应特征。该方法特别在能直接量化和易于关联的指标和其他大量复杂或定性化指标间划了一道界线。它所选择和报告的仅是那些能通过简单附加和倍乘而与其他指标相关联的那些指标,而其他条目将成为更复杂模型或政治论题的核心。

报告中最关键和敏感的指标可归纳为核心指标:一套相关联核心指标因而能显示城市区域环境有机体的第一近似概览。操作中这些核心指标的选择是敏感性测试与好的判断(并非总是简单明了的)相结合的产物。核心指标表在显示时相对于现状、BAU 和 SD 值(两两之间的年度趋势的计算)。当然人所共知,如生活质量这些真正重要的指标超越了这些或任何其他技术性报告说明的范围。

大多数指标的关键问题是 BAU 与 SD 值之间的差距,即现行趋向与期望方向的距离。有许多估算方法,但趋势-目标指数属于一种简易形式。可简单置于到趋势的距离与至目标的距离(或到 BAU 和至 SD)的百分比率(图 6-4)。

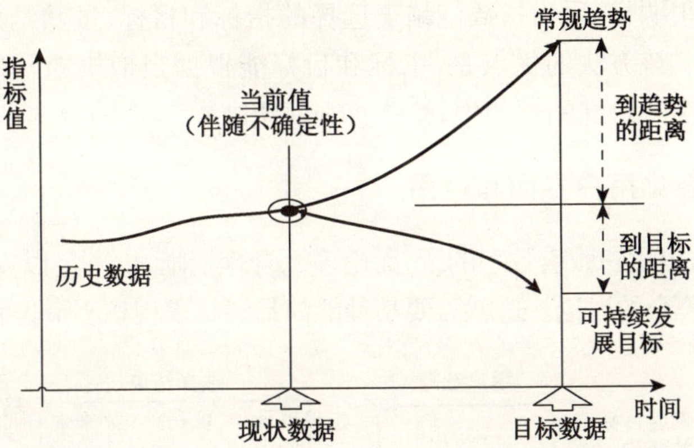

图 6-4 ISCAM 趋势-目标指数(指标、趋势和目标的评价路线)

图片来源:根据 Ravetz J. Integrated assessment for sustainability appraisal in cities and regions[J]. *Environmental Impact assessment Review*, 2000:53 相关内容绘制.

趋势-目标指数=(现状－BAU 趋势)/(现状－SD 目标的距离)

如:目前 NO_x 排放是 60 kt,而 SD 目标设为 20 kt,BAU 计划趋势是未来 25 年中年减少 1%:

到 25 年的 BAU 趋势值将是 45 kt;

现状到 BAU 趋势值的距离是 60－45＝15(kt);

现状到 SD 目标的距离是 60－20＝40(kt);

趋势-目标指数将是 100%×15/40＝37.5%,即,计划趋势仅实现目标的 1/3。

这样可持续性因数一目了然:如－100%的负值是非常不可持续的,而如＋20%的小的正值代表正向选定目标的渐进过程中。这是一种最简单的通用算法。

对于一些指标,计划方案涉及稳定性和减速率(SD 目标界于现状与 BAU

趋势之间),对于值超过+100%的任何指数,自然形成逆比值,这样趋势-目标指数=到SD目标的距离/到BAU趋势的距离。这一简单方法也可能产生变异:当目标值接近现状值,趋势-目标指数升高接近无穷。所以-100%上限能替代大于此数的负值。

一个部门中所有单指标指数的平均,产生一个部门总可持续性指数。运用一揽子平均数的好处是:指标的任何数字都能相加,欠相关或欠精确的个别指数能累加进环境条件中。如本例中,-20%的分值意味各核心指标平均是以实现目标(25年内)所需速度的1/5远离其选定的目标。这种方法的局限性很明显,因为指数依赖于选择的指标和目标,虽然结果简约,但并不客观真实。该方法的优点是:指标和目标能根据当地机遇与挑战而设计;各自联进一个一致性的框架中;整体直观而明晰。

6.2.4 可视化用户界面和运用

实践中,出示一张有数字的纸,无论多么合理清晰,也不足以支持非技术领域的政策或公众的讨论。这就需要某种能简易清晰表现核心报告表的界面。

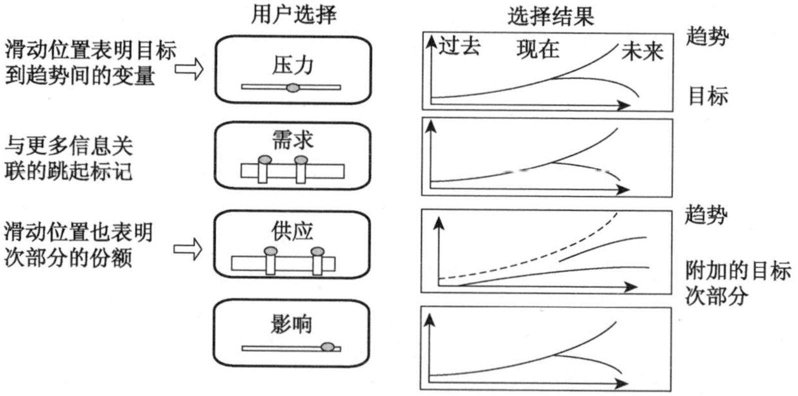

图6-5 ISCAM界面(一个部门/模块的用户屏幕范例)

图片来源:根据Ravetz J. Integrated assessment for sustainability appraisal in cities and regions [J]. *Environmental Impact assessment Review*, 2000:54相关内容绘制.

通过可视化界面,用户在计算机屏幕上手动就能处理趋势-目标指数或政策差距,它们被安置在各模块的整体评估框架中。各政策选择工具箱是一个图表,可直接显示这些决策的后果。对于用户,这个界面就是一个简单互动操作,选择不同的约束条件以产生最优结果。它强调一种手段,通过这一手段，将各种政策选择及其简单数字转化为广泛政策或公众议题的具体界面。目前的软件开发是将可持续性整体评估工具与一个更大的可持续性图库（包含一个交互式区域发展系统模型）相关联。

ISCAM 的用户。原则上，只要涉及一个城市有机体长远未来的政治或公共议题就可应用。对用户而言，这一工具通过将复杂问题分解成相对简单的定量、定性事项，运用情境方案核算，以概括更广泛的政治、经济和社会论题，有助于沟通技术事项与政策问题的鸿沟。

6.3 可持续性评价

6.3.1 政策背景

可持续性评价作为规划过程的一个重要环节，已经是欧美区域规划的一个趋势。如英国区域规划强调，可持续性是区域增长和发展的指导方针，并通过可持续评估（SA）以支持其在立法上的优先性，新区域调研管治机构应运而生。政府要求区域规划指南明确，可持续评估必须纳入规划过程。但当前国际上很少有好的实践来指导规划，一般持续性评估实践只提供描述性方法，或提议要深入研究环境资本和景观特征的方法。

6.3.2 整体评估和可持续性评价

可持续性评价是特定城市区域发展背景下进行的（表 6-2）。

表 6-2 城市发展背景趋势

转型要素	方 向	重 点
资源使用	从地方转移到全球系统	更强调全球层面的影响
经济结构	制造业向服务经济的转型	更强调地方适意度和无形资产等因子
调控机制	计划调控向自由市场的转型	更少监控管理，更多效应在政策范围之外，累积性效应更大的优先性
政治背景	中立决策者主导的理性评估模型转向民间利益主导的后现代模型	机会主义准线

上述整体评估方法（ISCAM）应用于可持续性评价要解决几大难题，如不确定性、多元性、累积性效应等可持续性问题。价值决定评价操作方法，尤其表现在价值中立的平衡表和规划目标实现方法之间的分歧上。不确定

性与多元性的双生主题表明两者之间的矛盾。为此有以下几种方法。

第一种方法旨在解集各因子，单独评估有关外在确定性标准。如国家排放目标可用作地方空气质量指标的参照，特定地方有特定目标，问题是这种特定标准和目标的来源和逻辑。第二种方法旨在保持指标与整体系列的联系，参照整体系统的规范性目标状态来评估它们(图 6-6)，如空气质量可能作为公共的健康、生态变化、交通拥挤、可达性等一揽子指标不可分割的部分。接下来的问题是综合系统目标如何建立和由谁建立。

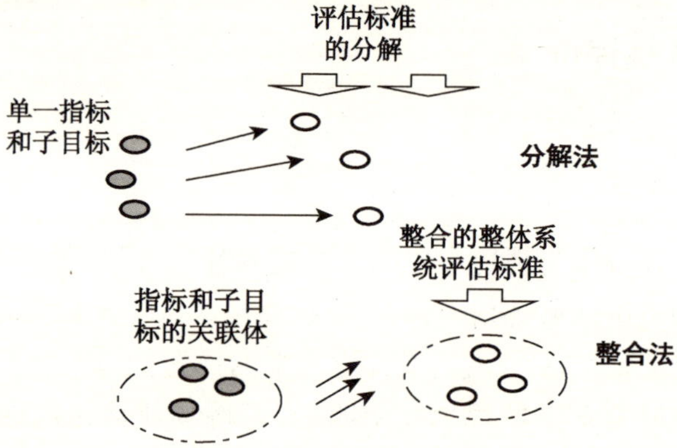

图 6-6　评估形式子目标指标和标准集合的可取方法

图片来源：根据 Ravetz J. Integrated assessment for sustainability appraisal in cities and regions[J]. *Environmental Impact assessment Review*，2000：57 相关内容绘制.

在第一种方法中，价值判断在部门目标中常不清晰，倾向于运用其专家身份去隐藏一系列价值判断，表现为围绕各环境标准的内部不一致。寻求有意义的外在目标的政策实践或方案操作不久发现目标极少。第二种方法中，有关地方性设计的整体系统目标的整体系统评估中的某些逻辑，这种综合标准表现为它们的设计者或权益人的利益，可能不可转让或比较。操作中每种方法有其自身的优点。

对于整体评估框架中环境和社会经济评估的整合，有一个强弱的差别。弱整合在权益人和决策者之间来平衡影响(后果)的不同，或通过一个政治过程整合。强整合是不谈多元化标准，只谋求在技术过程内实现整合，因而其综合性框架在应对不确定性和多元性方面更为脆弱。弱整合的评估依赖于专家对不同权益人成本收益的确定，但又有累积性效果、多元化标准和竞争性边界方面的困难。通过未来性和公平性标准的整合也寻求在操作术语上的确定，在操作中行动人的观点多元化，成本收益的界线常是模糊的。

第三种方法是再运用一个整体评估框架作为任何项目或程序的可持续性平衡的指南(图 6-7)。时空整体系统目标各层面的连锁,有助于判别要权衡的收益和影响的平衡。实践中,不确定性和多元性的主题意味着任何可持续性评估很少是一个终极或真正的答案,而是一个研究的过程。只有整体系统原则指导这种研究的方法、过程和背景,结果才更易于生存,即对于所有涉于其中者,是可持续的。

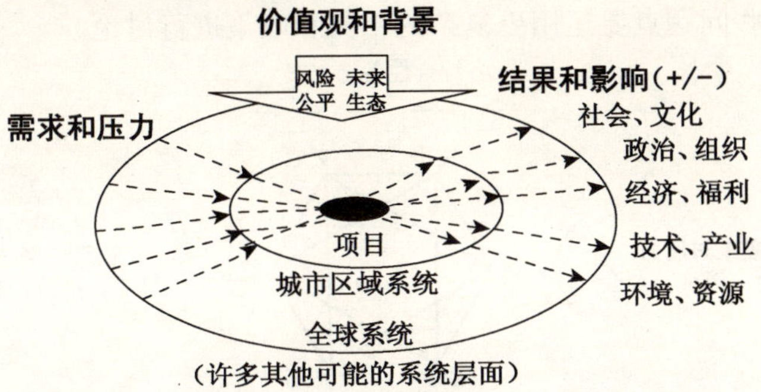

图 6-7 项目方案与城市区域、全球系统的关联

图片来源:根据 Ravetz J. Integrated assessment for sustainability appraisal in cities and regions[J]. *Environmental Impact assessment Review*, 2000:58 相关内容绘制.

6.3.3 整体评估操作——可持续性评价

对上述挑战的一种应对是运用概念模型框架和整体评估工具,作为上下游平衡的一个框架:在一个区域系统内趋势和行动方案的相关来源,在定量与定性化问题之间画出边界。该方法适用于区域或战略性政策评估的问题。由此,目前形成的战略性可持续评估方法包含以下阶段(表 6-3):

表 6-3 可持续战略性评估方法

	主要阶段	工作范围
1	政策检查	涉及政策工具的直接、间接范围
2	系统检查	与一个核算模型尽可能广的关联,涉及环境、经济、社会条件,趋势和计划方案
3	方案选择	涉及部门、机构或地方和整体区域
4	决策规则	将部门与空间的方案与上、下游需要和产出相联系
5	方案评估	被选择方案的战略环境和其他评估
6	结果权衡	平衡被选择方案的环境与社会经济结果的可持续性评估或多标准总结

关键问题是多情境方案的产生和比较，每一方案有一些相互依存的部门，如交通、住房、更新，它们各包含一个整体评估类型因果链，查看整套的可能的系统表述。这些方案有部门、机构和空间单元。它们联合一套相互依存的因素和部门，伴随上游需要和压力，下游的影响和结果（图 6-8）。接下来，整体评估工具提供一个有用的比较平台，交互检查和确保这些方案的内在一致性。但它仅是一个非常粗略的工具，只提供许多复杂问题的最少量数据，这些问题点要运用更复杂的工具和政策进行讨论。

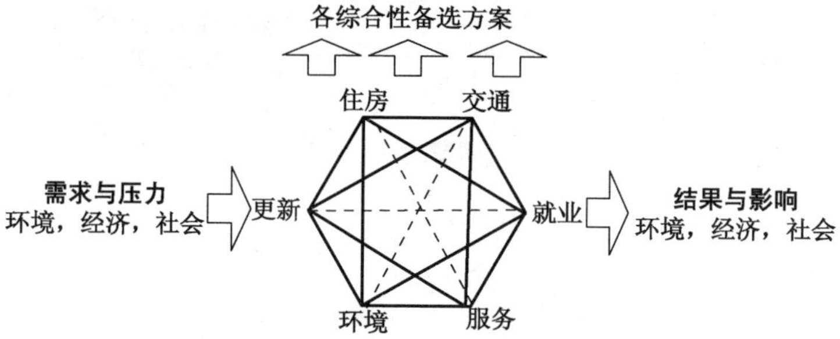

图 6-8　表现上下游联系的各关联部分的整体计划方案

图片来源：根据 Ravetz J. Integrated assessment for sustainability appraisal in cities and regions[J]. *Environmental Impact assessment Review*，2000：59 相关内容绘制.

主要报表包含常规行动方案设计，设计基于一个完全分析和平衡的判断，以提供从当前到未来必要的原始材料或时间背景。这一整体系统动态背景原则上应成为任何战略性评估的一个必要参考框架。一个可持续发展方案也基于技术证据和操作约束的一个平衡，接着它提供一套总目标和阶段目标的规范性框架，作为更详细的 PPP（政策、计划、规划）评估的背景。

一个 PPP 的期望效果本身是技术证据和专家判断的一个平衡。将一揽子指标的估计效果置入一揽子相连的常规行动趋势和可持续发展目标的背景中，趋势-目标指数的愿景就能显示每一指标（常规事务趋势、可持续发展目标、PPP 方案设计）三种不同价值之间的关系或压力。这种政策-目标指数可用几种途径建构，最简单的可以对每一指标设问“弥补政策鸿沟的政策效果有多大”？（图 6-9）

$$\text{政策-目标指数} = \frac{\text{常规事务趋势} - \text{PPP 方案设计数据}}{\text{常规事务趋势} - \text{可持续性目标}}$$

如：一套区域规划政策可能旨在减少交通需求，并选择人均行驶里程的一个指标。深度评估可能显示，伴随现实的约束和区域性累积，能缩减每年 0.5%的基准行驶水平。同时常规行驶水平趋势是提高 3%，可持续发展目

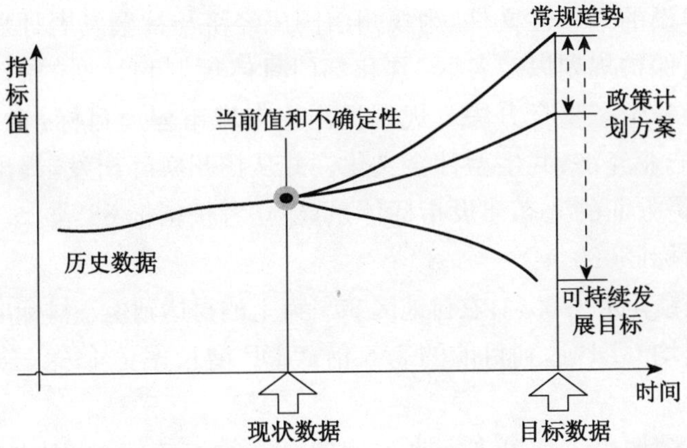

图 6-9 ISCAM 政策-目标指数(评价 PPP 效应、趋势和目标的关系评估)

图片来源:根据 Ravetz J. Integrated assessment for sustainability appraisal in cities and regions[J]. *Environmental Impact assessment Review*, 2000:60 相关内容绘制.

标旨在每年缩减 2%的水平,作为更宽泛的可持续性目标。对于这一指标,PPP 只完成趋势-目标距离的十分之一,其 PPP -目标指数为 10%,其他的能源、排放或里程的关联指标,依赖于技术、用率、出行密集度,将显示不同结果。操作中,一个 PPP 的效果常与其他社会目标相冲突,如提高城市住屋密度的政策,可能会减少个人空间、城市开敞空间和城市的社会混合度,它们中的每一个也是有用目标。整体评估框架模型,结合一个定性测标的定量化平台,可为不同情境方案提供需求和结果之间的平衡。

这样的一个战略评价的整体评估框架并不能解决上述方法论问题,但将一个预测法与一个倒推法结合,能为设计和规范变化提供一致性指标的整体参考集。这一参考的依据在于,部门间关联是横向性的,趋势和基于计划方案的方法又是纵向的。在支持可持续评估,SEA 和类似解决更宽泛可持续性问题方面尤其有用,而不是单部门的结果。围绕 ISCAM 计划方案核算的社会过程可能适用于可持续性评价的公众参与,尤其是战略性或争议性决策,这有助于探索、调停和共识达成的建设性过程。

6.4 城市与可持续性:扬州实践

6.4.1 扬州 2020:可持续性目标

在工业化和城市化加速发展的背景下,《扬州生态市建设规划》作为指导生态市建设的纲领性文件，为扬州市国民经济与社会发展计划、城市总体规划和环境保护规划以及各区、县和部门具体规划和计划的制订和修编提供战略指导和生态整合方法。规划提出生态城市建设目标：自生型生态环境、竞争型产业经济、共生型社会文化。并从扬州实际出发，提出涵盖经济、社会、环境等方面的生态建设指标体系，建立考核指标 88 项。

主要目标(2020 年)：

(1) 城镇化水平 65%；农村地区 80%以上的村达到生态村标准。

(2) 人均 GDP 达到目前的 5.5 倍；GDP 增长率 7%；第三产业从业人员比例 50%。

(3) 城镇居民人均可支配收入达到目前的 4.7 倍；贫困人口受救助率 95%；参加医疗保险人口比率 100%。

(4) 城区硬化土地面积比例达到 38.0%；交通密度达到1 000 辆/km^2；人口密度 8 000 人/km^2。

(5) 国土产出效率提高 4.6 倍；工业用水效率提高 1.4 倍；能源产出率提高 2.3 倍。

(6) COD 排放强度降低 66%；SO_2 排放强度降低 75%；固废排放强度降低 60%。

(7) 城区生活垃圾减量化无害化资源化覆盖率 100%；城区生活污水处理率 100%；可再生工业固体废物综合利用率 98%。

(8) 非机动车上下班比例 80%，保持现状；不扔塑料袋家庭比率 100%；利用可再生能源家庭比率 95%。

(9) 地面水水质达标率达 100%；城区平均水体环境质量达到Ⅲ级；区域水体质量优于Ⅲ类比率达到 95%；年空气质量指数好于 3 级天数比率达到 95%。

(10) 开敞地森林覆盖率达到 25%；城市绿地率达到 45%；绿地均匀度指数 0.8。

(11) 市民环境知识普及和参与率 90%；环保志愿行动人员比率 60%；重大决策的环境论证比率 100%。

扬州处于工业化中期阶段，经济建设与环境建设处于同等重要的地位。所以生态城市建设的重点在于：创造就业、促进企业发展；资源能源消耗最小化；生产中的废物再利用等方面。虽然规划提出一系列富有挑战性的未来目标，但对城市环境可持续性的几大事项，如充分利用地方资源，提高土地利用的多样性、紧凑型城市和土地利用结构、促进减少汽车的使用等，相对关注不够。但在当前经济全球化和城市化加速的大背景下，2020年的这一系列的目标，对于扬州，仍是一个巨大挑战。

6.4.2 向可持续性转变的艰难

1990年代中期后，生产方的供应和消费方的强大需求两者相结合，扬州启动了一轮有中国特色的资本主导型城市化进程。

1）供应方：政府的制度供给和规划调控

（1）区划调整。2000年，邗江撤县建区，市区行政区划重新调整设置，从“广陵区-郊区-邗江县”层层包围的区划体制，到每个区都“有城有乡”，市区行政区由148平方公里扩大至973平方公里。2011年，扬州行政区划再调整，撤销县级江都市，设立扬州市江都区，市区面积扩大到2 310平方公里。通过区划调整，纳入城市建设用地的土地大大增加，城市有了充分的拓展空间。

（2）空间规划。20世纪90年代，城市总体规划明确城市“西进南下”，向西延伸建新市区，向南建设经济开发区，跳跃开发沿江港口工业区，10年时间城市建成区扩大了一倍有余。21世纪初，《扬州城市总体规划》修编（2002—2020年），确定城市发展“主导向南，西进东联”，南延扩大经济开发区，跳跃开发港口分区和瓜洲分区。新一轮总体规划（2011—2020年），明确城市的全面发展和快速扩张思路，中心城市与江都乃至仪征的整合一体化趋势明显，城市空间呈现“圈层＋扇形＋跳跃”式的多方向开发格局。

（3）工业第一方略。为配合长三角打造“世界制造业基地”的目标，扬州提出“工业第一方略”，加快沿江产业带开发。大力兴建工业园，为调动各区参与发展的积极性，在城区不同方位设立工业的“八区二园”。扬州总体处于从工业化中期向后期迈进的阶段，当前显现出工业化中后期重工业加快发展的态势。

（4）项目投资建设。进入21世纪，扬州固定资产投资规模超高速增长（图6-10）。以基础设施和大型公共工程建设为先导，一系列大型资本项目超速启动，如润扬大桥、文昌大桥、城市南部快速通道、西部客运枢纽、扬州泰州空港、连淮扬镇高铁，以及体育场、双博馆、大剧院等大型项目建设。伴随公共基础设施建设的展开，从主城到外围郊区的大型房地产开发项目，以及相关商贸、文体配套设施建设相继展开。

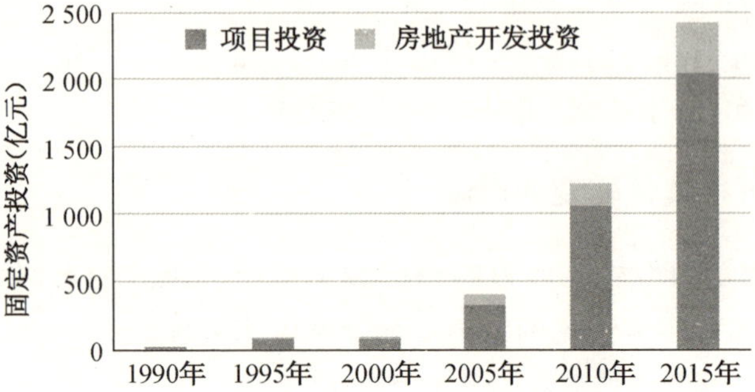

图 6-10 扬州市固定资产投资额变化

(数据来源:《扬州市统计年鉴》2015)

2) 需求方:消费型景观初步形成

扬州在历史上是消费型城市,消费模式多元化和消费升级是这一轮城市化进程中的两个主要特征。在日常生活方面,传统的城市商贸中心面向平民大众消费,如中心城区的百货商场和东部小商品城,近期城市西部、北部的大卖场甚至高尔夫球馆、咖啡馆等与国际接轨的消费模式相继出现。住宅消费方面,在借贷消费的激励下,住房以价格为导向转向以环境为导向,居民开始追求安静、舒适的居住环境。出行方面,从便捷性需求转向机动性需求,小汽车已成为新一轮消费热点,而这种机动性导致的需求压力加速城市空间蔓延。总之,经济收入提高后,城市居民的消费已从满足基本需求,转到符号消费和身份消费,在空间上表现为消费模式的多元化和消费导向的城市景观。除城市居民,政府也是主要消费方,政府通过机关和事业单位的外移引导城市发展方向,如西部的国税大楼、职业大学,西南的大学城建设等。

城市消费场所从面向地方扩大到面向国内外新贵阶层。如台湾开发商斥资 100 亿兴建的国内最大的全生活广场——京华城中城,自称这一地产造镇的消费对象不仅面向 457 万扬州人民,还包括一小时车程内的周边城市,甚至辐射京沪,其服务人口达 2 100 万。

总之,在供需双向促动的城市化进程中,供应方始终占主导。资本的本性是自我增殖,在强大市场促销下,供应引导需求升级,政府、大众和生态环境被资本引导改造,"城市不是在进化,而是根本被改变了"。

资本启动的地方发展,由于资本固有缺陷,可能会带来一系列不可持续的发展问题。资本的逐利性回避了对地方社会经济发展承担长远责任,资本的机动灵活性使国家和地方难以控制其自身的发展进程。资本最终通过市场获得经济回报，而市场往往并不会以社会和生态价值为目标取向。

3）非可持续性趋势

在城市快速扩张中，不断增长的需求带来更宽的道路、停车场、房屋、低密度商业区、城外购物中心、巨大的大学校园和大片空地等，由此消耗大量原料和能源，温室气体排放加大、空气污染上升，高化学依赖的农产品生产体系导致水体和土壤污染。对土地需求和通过修路进行的土地分区，导致生物多样性的减少和物种灭绝。旅游增长导致对沿湖沿岸地区及其动植物生态环境的破坏，最后影响到人和生态的健康。

（1）环境压力仍严峻。扬州城市乡镇大多坐落在平原河网地区，周围是土壤肥沃、排灌条件良好的农田，城镇扩张占用耕地是造成耕地面积减少的主要原因。据相关统计资料显示，全市耕地面积从 1997 年的 32.3 万公顷到 2013 年为 29.1 万公顷，16 年间耕地面积减少近 10%。随着产业转型和城市生态建设力度的加大，扬州环境质量近年有所好转，2014 年，全市空气质量达标天数比例达到 65.5%，但水环境污染仍较为严峻，市区 44 条城市内河水质状况总体较差，达标率为 18.2%，有 36 条河流水质劣于Ⅴ类标准，高邮湖总体水质类别为Ⅳ类，水质状况为轻度污染(《2014 年扬州市年度环境质量公报》)。

（2）城市蔓延。伴随大规模道路设施的建设和小汽车产业的快速发展，城市向外围甚至飞地型拓展，城乡边界模糊，仪征、扬州、江都一带形成高度城市化地区。《扬州市城市总体规划(2011—2020 年)》明确，要合理控制城市规模。到 2020 年，城市建设用地控制在 230 平方公里以内。据扬州统计年鉴显示，2014 年，扬州市建设用地已达到 229.34 平方公里，未来突破规划控制指标已不可避免。

（3）机动化下的空间离散问题。划出开发区吸引投资，商业区、住宅区分片分块开发，相互间通过道路交通相连，一地的开发与另一地的不开发没有功能上的联系。其结果是城市在向外拓展，人口在增加，但扬州城始终难以形成一个能纳入城市整体结构、富有活力的新城区。如果新的凝聚核不能形成，一方面，难以疏散老城文昌商业中心的人流，这里的人口交通拥挤问题难以缓解；另一方面，城市空间规模扩大，通勤距离加大，公交系统延伸覆盖的成本提高，公交系统取代私人汽车的吸引力减小，随之而来的将是交通拥堵、道路交通污染和交通安全等一系列问题。

(4) 小汽车发展引来的相关问题。按照国际通用的标准,“当一个地区每百户居民汽车拥有量达到 20 辆以上时,就进入汽车社会”。扬州已进入汽车社会,2011 年末,每百户家庭的汽车拥有数已经达到了 22.9 辆,且仍在以每年 5 万辆的汽车上牌量激增。2014 年,扬州市汽车保有量达到 50 万辆。小汽车追求的快速可达性破坏城市景观,打散建筑布局,刺激城市基础设施的建设,抑制其他交通方式在城市出行中所占比重,进一步加深对汽车的依赖程度。小汽车交通还威胁到人的健康和安全,甚至影响到居民的生活方式。交通噪声污染的范围及受影响人群会扩大,交通事故上升。汽车还会挤掉城市公共活动场地。小区内部的生活型道路、楼间绿化带,甚至将来的城市各个广场,都有可能挤满汽车。

(5) 全球化下的本地非农化问题。近期资料数据表明城市物流激增,表明城市参与外部经济循环的程度加大,城市工业就业人口有明显上升。进入 21 世纪以来,两次区划调整将大量乡村人口纳入城市地区,乡村人口比重虽在统计上有所下降,但农村人口仍难以被本地城市吸纳。截至 2014 年,全市转移农村劳动力 130.2 万人,其中劳务输出达到 61.8 万人,占转移劳动力的34.2%。而城区增加的人口中,相当部分来自外省市,城市提供的就业机会并没有完全面向本地农村人口,城市住宅开发也并未以吸纳本地农村人口为导向。在扬州城市与区域经济乃至全球经济融合的同时,城乡二元化现象可能仍会持续。

(6) 多元化下的社会文化问题。地域化与国际化、传统与现代、继承与创新,这是全球化进程中许多城市共有的困境。西方城市化进程中的文化和社会问题在扬州也有所显现。一是城市生活空间感和文化归属感缺失。大规模改造和拓展促进了人们生活水平提升,一片片新区不断出现,规模超过了老城,城市街区换上新装,但也可能使原本有机的城市功能被分割,城市文化价值被淡化。二是社会隔离问题。市场竞争必然导致贫富差距加大,形成社会空间分化,扬州虽然没有西方那种为富人居住、办公和车道等专用服务的禁入区,但有保安和电子戒备、市民禁入的全封闭小区也开始有所显现。

6.4.3 可持续性项目经验

背景:2002 年 5 月,中国商务部和德国经济发展部正式换文,中德两国政府正式签署了为期 5 年的扬州“生态城市规划与管理”技术合作项目。根据中德双方的协议，该项目实施周期为5年，并在第三年进行项目进展评估。德方先后有3批专家到扬州，提供技术支持和咨询，多次提供资金援助，以实践生态城市规划与管理。双方合作内容主要有：生态城市规划、可持续老城保护、生态工业园规划和沿江开发、水环境综合治理、城市固体废弃物管理、城市交通管理、综合环境监测与信息系统建设、企业清洁生产审核、公众参与机制的建立。本书重点分析给扬州变化最大、老百姓最为称道的两个项目：水环境治理和老城保护。

1）个案1：水环境整体治理

（1）水环境治理的困境。河道反复治理，但水质得不到改善，扬州河道治理人员总是想不通：为什么生活污水截流了，河水水质还这么差？每次下大雨，水质不但不变好，反而更差？市区有2条河问题最大，扬州人一度想填埋了事。杨庄河，总长仅1 075米，两岸生活着近2万人，沿线除了居民小区还有多家大型商业服务设施，大量生活污水直接排入河道，导致杨庄河污染十分严重。沙施河，作为古运河以东唯一一条南北向连接古运河和大运河的城区河道，不仅是东区菜农灌溉水的主要来源，也是市区商业最集中、居民居住密度最高的区域，虽然是全长4.7公里的河道，但因为年久失修，河道淤塞，河水黑臭。

（2）水域整体管理思路。2005年来扬的德国专家柯尔霍夫博士认为，一条河的治理，不是简单的清淤、截流、驳岸、景观、绿化，更应该是水域的整体管理。通过对扬州城区的大小河流的实地踏勘、抽样测查，他认为，要使扬州所有的河流都得到治理，就要从整个水域环境综合治理做起，“扬州所有的水都来自古运河和大运河，那我们就先看看，究竟是源头的水质差还是生活污水没有完全截流，是水流太慢还是雨水造成的冲击”。经过研究探讨，德国专家以杨庄河为示范，提出了扬州城市河流的综合治理方法，着手开始“水质模型”的研究。

（3）“水质模型”找出传统治理误区。在德国专家的帮助下，地方专业人员引进和制定了包括大运河、古运河、瘦西湖等主要水域在内的水质模型，从而为扬州城市水环境治理提供了系统的技术路线。水质模型项目的初步研究结果证明，扬州河流治理方法不当。研究表明：扬州不少河流依然受到生活污水的影响，同时地表径流也增加了河道污染物，所以，要改善河流水质，生活污水和雨水都要截流；河道上闸坝太多，使河水无法流动，应该让河水自由流动才能保持活力；密封的石砌驳岸让河道无法呼吸，阻断了地表水和地下水的交换，应该尽可能种草或使用渗水材料打造生态驳岸。这些都在对沙施河的初步整治中得到了采纳，现在的沙施河河水变清，沿岸地带已经成了附近市民晨练和休闲的好去处。

2）个例 2：老城的可持续更新

（1）项目概况："扬州可持续老城更新"项目的主要负责人，德国城市规划学家、社会学家，柏林工业大学何力教授，通过对扬州古城现状的细致调查，用德国技术和经验系统提出并实践了扬州老城复兴方案。

（2）现状：根据对老城 81 个家庭和 199 位居民的抽样调查，显示老城内 37％的人口年龄在 61 岁以上，同时 75％的家庭人均月收入在 1 200 元以下。居民生活条件较差，住房结构被破坏的较多，屋顶出现破漏，缺乏紧急通道，乱建乱搭得不到控制。尤其是卫生设施缺乏，调查发现，低于 25％的家庭拥有独用厕所，只有 1/3 的家庭有浴室。再加上绿化缺乏，整个老城区显得狭窄、拥挤、破旧不堪。

（3）古城复兴目标：①保护老城文化资源，改善老城的生活条件，增加老城作为生活区的吸引力；②保护文化遗产和地方特性，重新利用空置的和未充分利用的土地和建筑来为居民和旅游者创造最大利益；③保持老城居民，避免动迁，进一步把老城开发为地方社会和经济活动的重要空间。

（4）传统老城保护方式：①方法：跳出老城建新区，将老城置于独立空间内，使其不受现代文明干扰，利用各种办法将居民迁出，避免形成新的破坏。如苏州。②趋势：这种犹如建立文保单位，先将老城"存"起来的保护方式类似于衰落循环，不可靠的法律和规划——资产贬值——投资缺乏——基础设施缺乏——环境逐步恶化——住宅和历史性建筑的逐步损坏——地方特性的失去——住宅条件不合格——形成社会隔离。

（5）可持续更新改造方式：①设计理念：根据 1964 年的《威尼斯宪章》和 1987 年的《华盛顿宪章》，古城保护不仅是单纯的政府行为，居民参与十分重要，保护计划首先应该得到居民支持。②思路：改善循环，即可靠的法律和规划状态——改善基础设施——改善住房条件——鼓励小型投资——为居民创造工作岗位——改善环境条件——恢复历史性建筑——社会融合和团结。③方法：集中老城文化、地方特性等优势资源，通过"小心翼翼改造"的方式，在发挥居民主观能动性的前提下，循序渐进地发掘老城潜力，最终回到改善老城居民生活质量的人本目标。

3) 个案 3:老城区东关街文化里社区行动计划(CAP)

2006 年 11 月开始,在麻省理工学院建筑系古德特教授及助手们的支持下,开始了文化里社区改造方案的策划与行动。行动过程:

(1) 让居民自己调查并发现社区问题。如提前几天把一次性相机交到居民手中,让居民用自己的眼睛拍下自己所关注的东西。

(2) 让居民自己提出存在的问题,并提出对策。专家邀请居民参与制订民居整治改造方案。在东关街召开"居民参与制订老城整治行动计划"的研讨会,一边是 30 多位五六十岁的老头、老太,另一边则是德方邀请的多位专家学者们。按是否具有传统建筑形象的要求,居民们很快将照片分成两类。然后根据这些照片,由居民提出问题,并提改造建议:哪些民居、哪些地方需要改造,怎么改造。在三天的研讨会中,居民写出了很多问题和建议。

在举行 CAP 之前,这里曾委托专业人员设计过图纸,相比较,居民"设计"的方案更生动。居民对壁画的建议,对树木石桌的位置、高度也定得很细。有位居民坚决反对在他自家门前栽树,因为门前的树会影响他爱人轮椅的进出。经过大家争论协商,最终都满足了自己的要求,避免了邻里纠纷。

(3) 地方合作共建家园。专家们用各色纸条把将居民的意见一一写下,分门别类贴在一块黑板上。经过票选,3 大类 20 项整治要求列入计划并很快实施。在实施过程中,专家鼓励百姓投身到古城保护与整治工作之中,通过地方政府的政策保证,政府与居民之间相互信任、相互合作,相继开展了"我们的家园我们建""古城扬州,我的家"等活动,短短的几个月,文化里修复一新。

4) 对项目方案理念的思考

德方的方案并不一定是最佳的,但项目方案背后的理念和思维却值得思考。

(1) 对自然的尊重。就一条河而言,它就是个生命体,河床里的水和地下水是不断交融的。"城市看得见的水与看不见的水要相互交融"。天热了,地下水会蒸发,补充地面水分的不足;下雨了,地面水会渗漏,正好补充地下水的水量。"可是,现在许多城市河道全部用石驳岸封死,这就让河道无法呼吸了"。在文化里的巷道改造项目中,专家采用扬州传统的路面做法,街面刻意恢复成古老的青砖地面,以保证雨水的渗透。

(2) 对城市的尊重。"城市亦有生命"。城市首先是一个经济、社会、环境的复合生态系统，本身有自己的生态功能，就像人一样，会呼吸、会生病，因此规划建设不能破坏它的生态平衡。基于城市生命体的认识，“绿化不只是为了好看，更是为了城市的生机”。扬州接受德方专家提出城市绿化的“均好性”。城市大广场、大草坪并不多，目前全市基本上每隔两三百米，就要建一个小游园。还有关于树木的“拆一还一”的理解，德国专家卡森斯认为，“拔掉一棵树，必须种上树龄相同的一棵树，这样才能保证生态的平衡”。如果你拔掉的是一棵20年树龄的树，而你补种的是新树苗，那么就要补上20棵。再有，扬州对高架路和立交桥的建设一直很谨慎，市区内没有高架路和立交桥，绝不是经济原因。按德国人解释：城市交通既要利于出行，也要有利于环境。汽车在平地上行驶时，尾气的高度一般在1.5米左右，而到了高架上，污染的厚度就上升到4～5米，严重影响空气环境质量。

(3) 对人的尊重。以普通民众为优先考量来制定政策。“人”是第一考虑的要素，即使是对古建筑、街巷的保护，也要落在能够改善老城居民生活质量的目标上。在行动计划过程中，充分考虑和尊重使用者、尤其是低收入者的要求。

5) 对规划管理创新的思考

(1) 以社区为基础的城市发展结构具有一种自发性和创造性。CAP源于对现实现象的一种思考：城市快速变化使得整个大环境更趋复杂，低收入家庭面临许多问题，或者被忽视，或者难以解决。而这些复杂问题并不能靠正统的规划找到适当的解决方法。传统城市规划有着尽善尽美的计划、表达精确的词语、丰富翔实的数据、严密的分析预测及控制措施，但付诸实施和应用时，却往往力不从心。传统规划仅是纸上谈兵或依靠所谓专业的想法来进行，只会把真正的使用者排除在外，同时也排除了社区发展的创造力。

(2) 学习型的城市，如同个人离不开学习，城市作为有机体也能学习。学习型组织是这样一些组织，这里人们能持续扩充其能力，新思想类型形成，力争形成集体性目标，人们不断学会如何共同学习，系统调查到在周围环境中出现的(技术和社会)变化，在他们的行动中考虑到这些变化(贝克，2004)。CAP以普通民众为优先考量来制定政策，其目标因行动而产生，而它的实行依赖于政府及规划者策略式的或渐进式的协调或干涉。项目的过程本身也是居民、地方政府、外来专家等各利益方的参与与合作的过程，是地方人力资本和社会资本的提升过程，如水环境治理过程，是地方技术人员专业素养学习和训练进程，老城改造中对社区参与的鼓励和提升，也是居民合作参与发展的能力的促进过程。

(3) 可持续发展不是目标，而是一种参与的过程、行动的过程。传统规划按照调查-计划-实施的 Patrick Geddes 的经典框架，是先计划后行动。CAP 认为：好的实施办法不一定来自于完善的计划。计划和方法是在行动中产生，而不是完全依赖数据的采集和各种调研分析。正如中国古代的造园方法，一个好的园林，并不是在纸上"计划"好的，而是在空地上不断观察、用心体会，甚至是实物反复调整而成的。

(4) 面向居民真实的基本需求。在改造方案设计过程中，相信地方居民对当地社区有着更深刻的认识，这些认识不是抽象的数据所能表达出来的。为了鼓励居民参与，为居民们建立一个综合信息交流项目，包括刚上学的孩子在内，让居民了解政府意图，并听取居民的意见。整个计划过程发动居民，为他们提供信息，辅助其资料分析，让他们进行选择。甚至在扬州生态市建设规划的前期，德方邀请各部门的负责人和市民代表，几十个人坐到一起，给每人发一张卡片，请他们写出自己认为最需要解决的问题，把问题一条条列在大黑板上，让大家讨论、归并，最终"海选"筛出 70 多个问题，这些问题最终成为了规划的基础。

(5) 整体管理思路。可持续性与一些重要领域相关联：环境退化、不平等、未来社会与环境稳定、参与、决策。要认识到问题是如何缠在一起的。可持续发展作为设计方法，提供了整体的方法，将许多表面上无关的问题全盘考虑，一并解决。否则就是拆东墙补西墙。与解决单个问题相比，更复杂，但更容易找到解决方法，结果会变得更简单。

7 概念的实践:轴线开发模式

中国正在融进全球统一的市场经济中,在现代工业化大生产大消费型产业支撑下,伴随现代交通改造和高速公路的开通,人口与物质经济将持续增长,城市数量和规模还将大幅上升,区域正在进行新一轮的开发。面对全球化、生态现代化的挑战,重新检讨空间开发实践模式,对区域发展思路和政策选择是有积极意义的。

传统的空间开发理论强调适应经济快速发展的需要,对区域生态环境保护、社会发展关注不足。如网络开发模式认为,当区域经济进入高级化阶段,这时资金约束已不明显,实施网络开发,可以在更大的空间范围内,将更多的生产要素进行合理配置,有利于区域经济持续快速而全面的增长。太湖流域在增财兴业、企业优先的发展理念下,从初期的乡村工业化、就地城镇化演变到现在的城市连绵带格局,各城市间的乡村地带急剧缩小,城市边界纷纷汇合。这种高密度网络化城镇群空间格局,使区域生态功能受到来自生产和消费方面的巨大压力,生态承载力严重不足,区域生态安全受到威胁,传统鱼米之乡普遍出现"以大城市环境问题为重点,区域性环境污染和生态破坏较为普遍的形势"。

苏中地区已进入点轴转换的城市化发展阶段,交通骨干走廊构架已经形成,以轴带面的大规模区域开发正在启动。鉴于太湖流域网络化密集开发方式带来的生态风险,在经济全球化和信息化的现实背景下,重新探索一种有竞争力的可持续开发模式,是空间开发实践所面临的一个现实问题。本研究从可持续性的角度,重新检视已形成定论的两种开发模式:网络开发模式和轴线开发模式,提出网络模式并非空间利用的必然选择,轴线开发模式一定程度上更能够适应当前发展所带来的压力。接着以苏中地区的扬州市为例,探讨其轴线开发的实施构想。

7.1　网络开发模式

7.1.1　理论基础

网络开发是点轴开发在区域发展过程中的延伸。从图论的角度,区域发展起步往往是从点上开始,点的扩展必然是轴线,轴线的进一步扩展也就是网络。按事物发展规律,从点经线到面的演化过程,符合由简单到复杂,由低级到高级发展的客观规律。作为一种空间开发模式,意味着在区域发展高级化阶段,这时资金约束已不明显,区域经济实力允许或能够全面开发新区,因此可以通过网络开发实现空间均衡,达到城乡一体化的目标。

网络开发模式符合传统经济区位论思想。克里斯泰勒的中心地理论认为,自由市场竞争的结果,会自然形成各种城镇网络体系的空间格局。空间安排要符合市场效率原则,城镇体系规划的一个重点就是配置网络各节点相应的等级、位置和职能。克里斯泰勒的中心地理论解释了自给自足的背景下形成的一种城镇体系等级秩序,这是不存在海外市场的一种均衡态。

网络开发模式也符合从集中到分散的空间演变一般规律。初期,由于人类活动对优势区位的竞争,形成人口和产业的点状集聚,点沿轴线逐级扩散,带动新的点,点轴渐进扩散到面,实现区域的全面开发。不同经济发展阶段伴随不同的空间结构形态,一个地区的空间发展可以按增长极,点轴开发和网络开发三种开发策略分阶段依次展开。对于不同阶段的地区,落后地区应采取增长极开发,发展中地区应采取点轴开发,而发达地区应采取网络开发。总之,经纬交织的网络化开发是经济发达阶段的一种理想空间结构形态。按这一思想,区域规划的一个重要任务是确定不同等级的发展极和发展轴线。

7.1.2　模式评价

1）优势

在区域经济进入高级化阶段实施网络开发,可以在更大的空间范围内,将更多的生产要素进行合理配置,有利于区域经济持续快速而全面的增长。如江苏苏南地区,大小城镇密布,乡村全面城市化,各种生产要素流动网基本形成，区域经济空间均衡目标基本实现。

作为一种理想的空间结构形态，网络开发最终形成经纬交织的城镇网络系统，在其中可以形成节点对节点、可选而快捷的关联，符合经济全球化对要素流的快捷通达的要求。

2）潜在问题

但这一开发方式是以潜在的环境危机和等级体系固化等为代价。

（1）网络开发强调广域分散开发，分散是其基本观点。随着消费社会和汽车时代的到来，原本旨在平衡发展的这一开发模式，极易以分散化蔓延为特征，从而引发区域内城市的各自蔓延和人口的广域分散。

（2）自然生态保护面临严峻压力。交通网络所及之地，不论生态保护区还是基本农田，都成为经济开发之地。以苏南为例，太湖中的小岛，为数不多的绿色山丘，高产的稻田，无不成为土地开发的对象。

（3）在全球市场一体化时代，产业更替、企业兴败和城市兴衰有许多的不确定性因素。区域规划中往往按现状经济规模和趋势来判定城镇等级体系，并以此为依据进行基础设施网络建设，城镇等级体系无形中被固化。在已形成的刚性网络体系中，如果某个小城镇由于不可预期的机遇发展壮大，就要重新设定道路等基础设施等级，重新开始一轮土地开发和投资建设。

7.1.3 价值观

从价值观层面，网络开发模式符合标准经济学范式的经济优先价值理念。传统经济发展观坚持效率优先，认为空间效率是空间公平的前提，市场是资源效率配置的基本手段。基于空间经济效益的首要考虑，当规模经济和集聚效益与拥挤成本达到平衡时，从集中到分散，通过扩散效应和涓滴效应，市场机制能够自发地使优势区的人口和财富扩散或波及边缘地区，从而达到空间均衡和社会平衡。

但许多实践表明，经济自由发展总是以生态破坏和社会危机为代价。经济优先的价值理念在当代受到广泛的质疑。单纯市场的手段是不可能解决可持续发展的代际公平（资源环境问题）和代内公平（社会问题）。市场往往不会以社会价值和生态价值为目标取向。市场是根据人们的支付能力来进行物品和服务分配的机制：穷人由于购买力有限而被排除在市场之外，后代只是由于其不存在而不能在市场中发出需求信号。如果单纯的经济规律主导发展过程,按经济上的人、财、物三要素,世界上的人、财(资产)总是越来越多,物特别是土地越来越少,市场关系下,必然导致对物的越来越激烈的竞争,生态恶化、社会危机和战争频发是其必然结果。

7.2 轴线开发模式

7.2.1 区域开发新背景

空间结构是社会经济的结果,通过对区域人口活动的调控安排,可以影响到发展过程,空间开发和利用对环境可持续性、经济竞争力和社会内聚性的作用越来越引起关注。全球化、信息化和可持续发展是空间开发面临的新背景。首先,在快速变化而又相互联系的全球大背景中,全球化意味着不确定性和地方化。不确定性要求发展具有弹性,为未来人口和产业的不可预期的发展留下空间。地方化趋势提出基层发展机会问题,即中小城镇如何获得与大城市同样的发展条件。第二,信息化浪潮下的信息社会有“分散化、多样化”的特点。生产的分散化要求地方提高生产的社会化程度,强化社会经济的一体化。第三,可持续发展是为了修复过度发展的后果和全球化的不良经济而提出来的一种发展范式,可持续发展要求在环境承载力内,提高区域所有人的生活质量。在地方层面,可持续发展意味着要形成环境负责、社会内聚和经济效益相互兼顾的空间场所。

7.2.2 两个开发实例

1) 新加坡的环线开发方案

新加坡作为东南亚的城邦小国,地狭人稠,从建国之初就开始有计划的土地使用和城市扩展政策,成为亚洲发展中国家区域开发的典范。在1967—1971年编制的第一个概念规划中便提出环线加卫星城的发展模式。环线围绕的内部核心是生态保护区,禁止任何开发活动。通过沿环线的大容量快速交通系统连接市中心和卫星城,中心城市在南海岸的中部,规划为国际性经济文化中心。在后来的近30年中,沿交通走廊陆续形成兼居住和轻工业的17个新市镇(图7-1)。市中心的人口、产业可以逐渐疏散到这些新市镇,从而为长期的人口增长和城市发展奠定基础。现在,新加坡90%以上的人口居住在这些沿线城镇中。1991年的概念规划在原有环线加卫星城的基础上，提出提升中心城区的国际水准，选择四个区域中心，又形成未来 20 年及更远的发展框架。

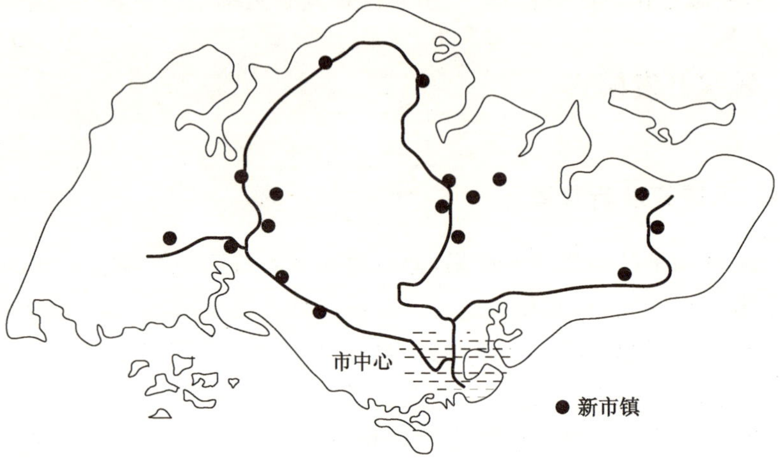

图 7-1　新加坡环线开发概念图

2）日本的地域轴政策

日本许多地方的城市圈沿交通线呈轴状分布，形成总人口 200 万人以上，中心城市之间相距在 50～70 公里以内的城市圈连绵地区。根据这一现象，日本城市地理学家森川洋教授提出地域轴的概念。他认为(1996)这种城市圈的轴状联结形成地域轴，通过地域轴，可以实现东京、大阪、名古屋三大城市圈功能分散的作用，并预测未来日本城市和产业开发将从本州岛轴向延伸到北海道、九州岛。

地域轴带有很强的政策性，并最终被写进 1993 年国土厅的《第四次全国综合开发规划总结中间报告》中。日本新国土综合开发规划中，围绕地域轴的政策主要包括两大方面，一是交通、信息通讯设施的整治，二是通过区域间联结而促进区域振兴。

3）适用性

许多类似的实践范例表明轴线开发具有一定的普适性。荷兰西部的兰斯塔德城市群，是一个马蹄型环状组合式城镇群，中间环抱一个绿心农业带，被称为绿心都市群(Greenheart Metropolis)(图 7-2)。美国芝加哥市及其西北部城市也组成环形城市(Circle City)，城市带中心是自然保护地，包含山丘、林地、河流、小农场和历史遗存。

尤其在新加坡和日本这种国土面积较小，人口密度相对较大的地区，决定轴线开发方案是有效的。新加坡的环线方案是在建国之初，经济基础尚且薄弱的情况下，面向未来确定的可持续发展空间框架；日本制定地域轴政策是在其经济目标达成以后，国家的总体目标向追求全社会的共同发展，实现国土均衡发展的背景之下，其时经济发展、城市化、各种基础设施等都达到了相当高的水平。新加坡作为一个岛国，环线是合理的方案；日本列岛的国土空间形态则决定其纵向延伸的轴线方案。

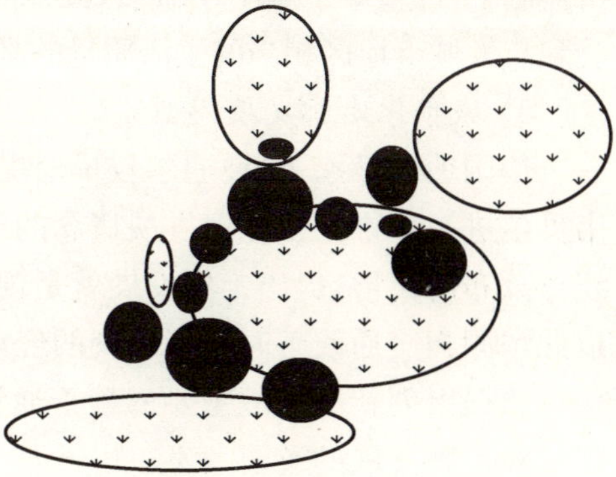

图 7-2　荷兰的绿心城市群示意图

7.2.3　理论依据

1）点轴发展模式理论

波兰科学院院士彼得·萨伦巴在 1985 年，向我国介绍了节点和走廊发展模式。他指出德国综合的区域发展规划明确提出增长极和发展轴概念的指导思想。增长极是重要的城市，发展轴是城市密集带。我国中科院的陆大道院士认为我国生产力总体布局应按照不同层次的“点轴”来配置。依据这种模式构造的沿海沿江“T”字形开发结构已经写入了全国国土总体规划纲要，产生了重要的影响。

点轴模式认为采取发展轴的形式能最优地利用线状基础设施，强调这一模式的经济效益。在区域经济的空间配置中提出：①发展轴是城市和产业的区域布局重点；②发展轴是有等级的；③各级发展轴有它的直接吸引范围或腹地。

2）地域功能轴理论

日本的地域功能轴理论研究将点轴理论进行深化。地域轴承担了大都市圈向沿轴中小城市功能扩散的职能：多个地方邻近的中小城镇，首先沿交通线（“交通轴”）产业集聚（形成“产业轴”），再通过人与信息的交流形成“生活与文化轴”及“信息轴”，这些要素总体上发展为地域轴。这些地域轴与大城市圈沿一定线路相连逐渐构成国土轴。这里，地域功能轴解决了在市场经济体制下，许多单个的中小城镇(圈)如何具备高级城市职能，使该地居民享受到与大城市地区相当的生活质量的难题。

3) 城市化走廊发展模型

法国地理学家 A. 波迪尔较早地提出走廊发展的思想，加拿大地理学家韦贝尔进一步推动了走廊发展概念的形成和发展。他分析了加拿大城市沿线形分布的情形，提出走廊发展就是现代工业和其他活动沿交通线配置，并以此预测当交通改善时可能出现的经济或城市的空间形式。美国地理学家普赖德提出创新的扩散主要依赖于通讯的格局，从而提出沿线形基础设施配置对走廊发展的重要意义。

全球化下沿交通线发展的重要性逐渐受到重视。荷兰的赫伦文(Heerenveen)会议(2000)专门讨论"交通走廊发展"问题，提出：国际化加大了资源、要素、信息的流动规模，全球范围的竞争要求加强可接近性以便即时供货(just in time)；经济单位的核心业务倾向于空间集聚，某一特定功能的空间选择多样化，偏好于集聚在城市边缘，并沿着主要的基础设施线路发展；流通和分配部门倾向于在空间上广布，并依赖于良好的交通运输设施。

4) TOD 发展模式

传统的交通规划首先关注城市空间结构和土地利用，根据交通需求的时空分布特点来设计道路网，实践证明，这种需求满足型的交通规划无法跟上城市的快速发展，难以从根本上优化交通效率。从本质上，传统的规划模式没有揭示城市土地形态与交通系统之间的互动关系的机理，也就无法实现交通与土地利用的协调。

1980 年代美国学者 Peter Calthorp 提出以公共交通为导向的发展策略(Transit-Oriented Development，TOD)逐渐被认同。TOD 模式强调公交系统周围土地的混合利用和有计划的高强度开发，可以有效减少城市蔓延，满足出行需求，达到最高的城市交通效率，从而成为实现城市可持续发展的重要手段。TOD 的发展模式在区域规划的层面上要求组织紧凑的、大容量公共交通系统支撑的城镇。能够影响城市人口、土地、能源、环境的大容量快速的交通走廊和枢纽点构成区域交通骨架系统。

7.2.4 主要特征

1) 概念

轴是一种均衡的线性基准。作为一种基准，轴具有生长性、统一性，线性的限定则赋予轴以连续性和开放性，均衡则表明轴的均衡性。五个特征中，生长性和开放性可归为动态特征，常用于动态发展轴的研究；连续性、统一性、均衡性则体现轴的静态特征(图 7-3)。

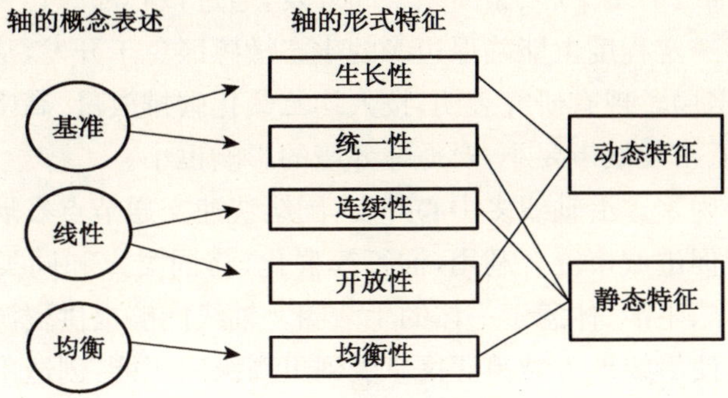

图 7-3　轴线的形态特征

2）开发思想

(1) 轴线的某些特性一定程度上可以应对全球化和信息化挑战。

① 开放生长：轴线本身的连续性，沿轴城市的可生成和可扩展性，由此应对未来长远的人口和产业的动态增长。

② 稳定灵活：当形势发生变化，尤其是区域中心发生转移，不需对整体结构进行大改动，改造成本低，表现出轴线所具有的较大适应性和灵活性。

③ 平等多元：轴线的空间秩序可以使沿轴中小城镇获得均等的发展机会，并提供其各自发展个性的自由，由此实现秩序和自由的相对平衡。经济和技术在加速发展，如果给予发展普遍的空间自由，事物变化太快，历史便不复存在，人类需要一个相对稳定的场所体系来发展自身，发育出更加普遍的社会生活和文化。

④ 有限空间：资本成为当代社会的一大动力特征，它的机动灵活性可以随机地启动一个地方的发展进程，它的逐利性往往又回避对这个地方的社会经济发展承担长远责任。通过轴线限定资本的流向和目的地，一定程度上可以缓解对资本流动自由放任的负面性。

(2) 轴线开发模式也可以适应经济-环境-社会三要素平衡的可持续发展要求。

① 经济效益。通过交通轴线可以实现要素的高密度的交流及联结，城

镇间的功能互补，并使空间有机生长，生成新增长极和扩大市场圈。

② 环境友好。生态有序的空间格局要求城市发展有明确的界限，正如细胞核与细胞质之间必须有细胞膜，边界不清是有机体恶性增长的一个重要表现。沿轴线的多中心、紧凑型空间开发，通过核心部高容积率来开放周围地表空间，一定程度上能确保边缘的生态敏感区免于开发，从而保持城乡分明的空间格局。现有研究表明，按人均二氧化碳排放量，高密度大城市人均排放量比低密度城市要小，对地球环境的影响也小。

③ 社会内聚。沿轴线多中心开发，围绕快速交通节点发展人口密集型活动，意味着促进城市混合利用，推行簇群化（将同类人和同类物集中为一体），形成工作、生活、休憩于一体的生活圈。轴线能够提供资源信息的快速交流和活用，使沿线地方城镇居民享受到更高级的职能，创造出新的文化与价值。

7.2.5 价值观

建立在有限生态资源基础上的工业化大生产大消费型产业的增长是不可持续的。20世纪行为方式的基础正受到全球环境问题的制约，未来城市将从以企业为中心的经济竞争时代，转到尊重全球市民的时代。发达国家曾以大工业、大交通为支撑急速兴起的城市，由于生活质量和功能的明显降低，正在走向衰退。地区文化或者回归自然，正被当作更多地方中小城市的新的立市之本。

空间是人有意识地通过社会经济活动作用于资源环境的结果。工业化早期，由于经济活动规模的有限性，基本可以不考虑生态极限，但伴随技术和贸易的扩张，生态约束越发明显。轴线开发理论的价值基础是生态整体的发展观。法国经济学家佩鲁（1979）为联合国教科文组织撰写“新发展观”报告，提出整体、内生和综合的新发展观的三个含义：①整体性，考虑整体的各个方向及内在关系，并承认各方面的不一致性；②内生性，一个国家内部的资源与力量及其合理的开发；③综合性，各种单位和因素的集聚，形成一个单一整体。综合的发展是一定数量的区域一体化，或不同部门、不同地域和不同社会阶层之间的内聚力得到加强。在全球化、信息化和生态现代化的背景下，轴线开发一定程度上能够适应未来动态扩展，体现地方机会均等，并遵循可持续发展的自然-社会-经济三要素协调原则。

7.3 轴线模式的可行性

7.3.1 空间趋势

1）流空间

世界经济的“地点空间”正被“流空间”替代。当前世界体系的空间结构是建立在流、连接、网络、节点的逻辑基础上。“门户城市”和“网络城市”是其中的两个重要概念。门户城市是各种流的汇聚地，经济体系的控制中心。网络城市的概念强调城市之间的相互联系、相互补充的重要性，要求把以流动性为基础的社会规划和以交通网、信息网为基础的物质规划相结合，以适应快速流动社会中人们的生活方式，为他们提供多样化的生活选择。

轴线开发与“网络城市”“门户城市”在规划思想上并不矛盾，它们都强调地区间的各种“流”的联系及其方式和强度。正如微型计算机系统的总线结构，以其结构简洁、数据交换快捷可靠、可模块化扩展等优势，促进了微机的普及。同样，轴线开发中的轴线正类似于“总线”，作为各地方城镇信息交换的公共通路，能够满足全球化“即时供货”所要求的要素快速扩散和转移，实现地方与门户城市的交通联系和信息联系。正如计算机中总线的宽度和质量是信息速度和数量的关键，快速交通干线的建设也是轴线开发的一个关键。

2）分散集中化

经济全球化的背景下，区域城镇体系的规模层序减少，从“树枝状纵向结构”转向“网络状横向结构”。轴线是实现要素转移、功能扩散的快速通道，环轴线的城镇群结构符合全球区域的扁平化和平等多元化的特征。全球市场一体化使各种经济要素流动的空间范围扩大，但同时相关产业部门的地方化集群现象也在加强，由此，空间呈现分散的集中化现象。而轴向开发正强调在线状扩散中集中紧凑发展，也强调分散化集中。不同位置的节点（城市）通过大型基础设施束串联，由于被纳入全球经济网络流结构中，更有可能实现其特定产业活动的价值，更具成长性。

3）未来阳光城市

实施能源结构从以生化能源为核心向以可再生能源为核心的调整和转变，正成为欧洲等许多国家生态现代化的发展战略。德国生态学家赫尔曼·舍尔描绘了能源结构和经济驱动要素转化后的生态社会图景。总趋势是非中心化取代中心化能源网络，以分散的经济发展取代今天以集中为目标的经济发展。“实现太阳能基础之上的总体经济发展，与生态循环、巩固区域经济结构、文化模式和民主结构是互相支持的，由此使保障人类社会的存在成为可能”。

可再生能源可以不依赖于集中统一的能源链条。当然统一集中对于环境保护也是重要的。某些普通消费品的生产，通过利用大规模流水线生产可以降低费用，大城市水电力供应的中心化能保证电力价格的低廉和相同。但中心化的问题被提升为一种意识形态，在实践中具有一种反生产效率的倾向。垃圾的中心化处理，导致运输量增加，带来了环境负担。大型发电站取代动力-热能-连接器，阻断了基于生态和经济理由的热能利用。

利用阳光型可再生能源、原料和相应的利用与开发技术，以及全球网络化和地方可供支配的信息技术，对于世界经济，意味着在劳动分工基础之上一次新的基准调整，其中涵盖了地理条件的多样性和不同种类自然生产的可能性。对于城市，将从生化城市到阳光城市，“生化超级城市是没有出路的文明方案”。阳光型能源只有在分散型的结构中，才能实现最高的生产效率。可再生能源可以满足农村地区农业、手工业和小工业经济增长所需的电力和动力燃料。采用非中心化的能源体制和非中心化的可用技术，实现能源的自我供应，带来更多的个人自主和独立，同时经济循环的空间范围减小，农业空间上升，城乡经济联系增加。全球范围内的城市会像乡村一样，再现区域性特征，出现一种“太阳能建筑的演变”。

7.3.2　开发方式

轴向开发则在线状扩散中集中紧凑发展，强调分散化集中。集中是其基本观点。区域开发要促进分散化集中，意味着要探索和形成单个城市或区域城镇群的分散型集中的各种适宜形式。

区域未来形成“聚合”和“分散”的二元城市化发展模式。①经济优先的现代城镇聚合轴，沿大容量交通走廊的多中心、高密度紧凑型城市群。按经济效益为先的全球统一的市场原则运作，这是有经济竞争力的现代城市发展模式，也是对地球环境人均负荷最小化的空间方案。②生态优先的地域生活据点。在人口低密度地带，形成分散型田园聚落，充分利用高科技，建造太阳能发电及雨水利用等,创造与自然生态共生的自足型居住环境。其发展不过度追求效益,重视地方的主体性,培育自身文化和生活基础(金涛,曾尊固,2008)。

在二元城市化发展模式中,前者沿轴聚合形成高密集人类活动地区,是经济效益和现代文明的源地,但人口、资本、现代产业向轴线聚合,并不意味要自发趋向于带状一体化。生态有序的空间格局要求城市发展有明确的界限,正如细胞核与细胞质之间必须有细胞膜,边界不清是有机体恶性增长的一个重要表现。苏锡常地区由于人口稠密,在巨大的经济开发压力下,三市的城市地域几乎连成一片,形成约 70 公里长的连续分布的产业、人口密集带。这种过犹不及的空间开发方式是不可取的。

在轴线外围的广大乡村地区,形成分散型生活据点。实现生态优先的开发思路是基于农业和农村的"多功能"理念。如果农业和农村仅被定位为农产品供应和劳动力贡献的作用,相对城市与工业,它们自然被当作"弱势产业"和"弱势地区"。但农业实质上具有相当的公共产品性质,在生态风险和社会危机日趋严峻的当代,农业和农村对区域生态支持和地方文化功能的价值更值得关注。如历史证明稻作农业为主、渔桑农业为辅的文明是适合于苏南地区的。稻田作为人工湿地生态系统,是生态安全的土地利用方式,不仅通过蓄水于田,可以防涝防淹,还有利于水土保持,调节气候,涵养水源,甚至净化水质。为追求土地的经济产出效率,大规模变革传统土地利用方式,有可能会产生不可逆的生态风险。

7.4 扬州开发实证分析

7.4.1 背景分析

1) 历史考察

扬州地区地处江淮平原,境内地势低平,河网密布,历来是我国重要的"鱼米之乡"。现辖广陵、邗江、江都 3 个市辖区和宝应县 1 个县,代管高邮市、仪征市 2 个县级市。扬州大部分地域在5 000年前已形成陆地,沿江地区成陆较迟,一般不足 3 000 年。千百年的开发历程中,城乡景观受时代力量的塑造,几经变迁。

农业社会时期,城镇村庄大多临水而建,赖水运交通而兴起发展。有限的城镇生活与周围自然环境保持平衡。近代工业化开始,由于运河的淤塞,交通的落后，扬州工业化进程一度滞后。自改革开放以来，以企业为中心或以工业为主体的许多新型工商业城镇开始兴起。当前进入工业化和城市化加速发展阶段，以规模化、集群化产业为主的城镇连绵带开始显现。依托沿江快速交通轴，以化工、汽车及船舶、纺织、电子、石油开采等扬州沿江产业集群初步形成，高邮、宝应以及众多乡镇工业集中区也争相招商引资，力争实现全球化下的地方崛起。产业发展有赖于地区城市化和城市现代化。随着人口增加，交通速度加快，仪征、扬州、江都一带高度城市化地区初步形成。

千百年来相对稳定的乡村环境也在酝酿变革。由于农业耕作方式的巨大变化，乡通村道路普遍升级，为缓解人地矛盾，提高村民生活条件，扬州正在计划通过镇村布局规划，将现有的27 000多个自然村庄，规划为2 000多个村庄，90%以上村庄将在今后几十年中逐渐消失。

扬州地处江苏省中部，长三角城市群的北部边缘，与长三角其他城市相比，当前经济发展不具明显优势，但千百年来有限的地域开发，尤其近代工业化以来长期在工业建设上的落后，扬州生态环境没有遭到太大破坏。优越的自然资源和生态条件成为扬州未来发展的重要基础(表7-1)。

表7-1　扬州地区各县市土地利用构成基础数据　(单位:平方公里)

地区	区域面积	建设用地	水域湿地	林地	草地	耕地
宝应县	1 442.92	186.71	178.83	4.74	0.45	1 071.93
高邮市	1 963.91	135.99	607.35	3.11	0.3	1 217.161
江都市	1 332.31	162.82	62.79	6.64	52.3	1 047.666
仪征市	902.64	78.4	34.42	47.15	0	742.64
扬州市区	984.05	154.47	161.91	10.53	0.002 6	657.14
全市	6 625.83	718.39	1 045.3	72.17	53.05	4 736.54

(数据来源:遥感数据和国家地理中心1∶25万基础地理数据)

2) 区域差异

市域内存在两条水轴:长江沿线和大运河沿线，一横一纵形成倒“T”字形结构，由此分沿江地区和沿河地区。长江沿线80.5公里，由西到东包括仪征市、扬州市区(包括江都区)。沿河143.3公里，由北到南包括宝应县、高邮市、邗江区和江都区的部分乡镇。为便于统计分析，市区(广陵、邗江、江都)和仪征代表南部沿江地区，高邮、宝应则代表北部沿河地区。

表 7-2 扬州各县市生产总值(2014 年) (单位:亿元)

	地区生产总值	第一产业	第二产业	第三产业	人均生产总值(万元)
宝应县	418.30	61.60	189.80	166.90	5.55
高邮市	445.20	62.72	201.13	181.35	6.02
仪征市	465.06	21.13	255.76	188.17	8.26
江都区	792.61	52.80	397.59	342.22	7.86
邗江区	602.74	17.10	256.19	329.45	8.77
广陵区	564.64	9.27	277.12	278.25	11.34
全　市	3 697.91	227.36	1 885.75	1 584.80	8.27

(资料来源:《扬州统计年鉴》(2015)).

(1) 经济发展水平上,南部地区明显高于北部地区。南部沿江的中心城区、江都区、仪征的工业化程度较高,经济产出明显高于北部地区。市区已经进入工业化中后期,第三产业比重较高,而距扬州城仅 28 公里的仪征则工业基础较好,两城市表现出较强的经济互补性。江都工商俱兴,经济独立性相对较好。北部的宝应、高邮两市经济相对薄弱,农业比重大,工业化水平较低,基础设施也不够完善(表 7-2)。在大小城镇分布方面,由于交通、经济发展等各种因素,大体为南密北疏。从遥感图像解译分析(见表 7-1),高邮、宝应城乡人均建设用地分别达 164 平方米和 203 平方米,远高于南部沿江地区,表明北部非农用地开发相对粗放。

(2) 生态环境质量上,南部地区总体好于北部地区。南部地区人口密集度高,由于近年沿江地区开发较快,局部生态环境受到较大影响。南部的扬州市区和仪征成为全市工业集中排放中心,加上高生活排放的污染负荷,空气质量、水环境质量相对较低。如水质状况为重度污染的河段均集中在市区;全市酸雨最重的地区在仪征,2014 年,仪征酸雨频率达到 21.1%。根据《扬州市年度环境质量公报》,2013 年全市生态环境状况总体良好,生态环境状况指数排名前 3 位的分别为宝应县、高邮市和邗江区(图 7-4)。

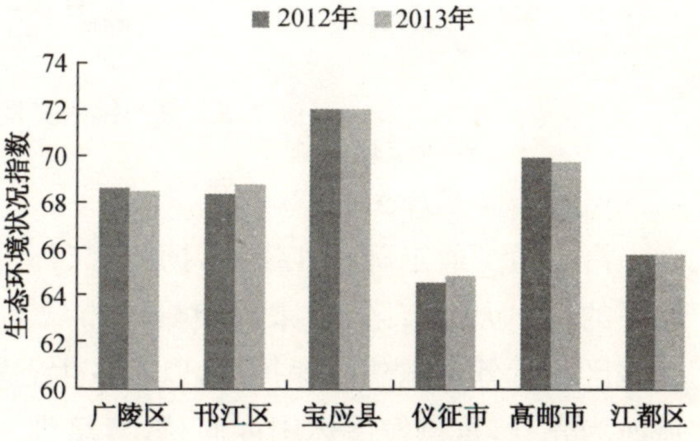

图 7-4 扬州市生态环境状况指数

(资料来源:《扬州市年度环境质量公报》(2014))

7.4.2 扬州轴线开发格局构想

1）沿轴城镇带

沿长江、京杭运河形成一横一纵两条轴带，开发历史久，长期为人类活动聚集区，外界的开发建设对其影响不大，因而构成现有建成区和未来城镇生活生产的重点开发区(图 7-5)。

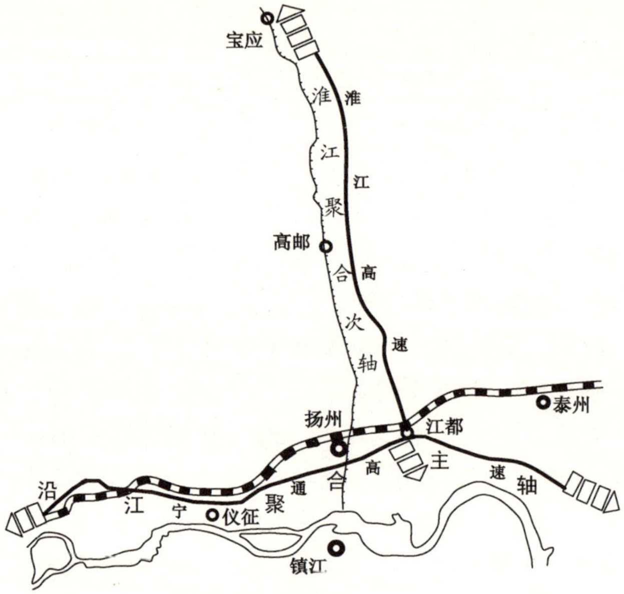

图 7-5　扬州轴线开发概念图

(1) 沿江聚合主轴

沿宁通交通走廊和江岸线，扬州、江都、仪征三地构成“一体两翼”带状联系的扬州大都市区，未来将集聚全市域 60%以上人口。“一体”，包括新老城区和近郊生态功能保护区，以水乡生态资源和文化遗存为基础、以生态旅游为先导，重点发展休闲度假、教育培训、文化博览等产业。“西翼”仪征市区及其周围，以发展各类化工工业为主体的产业群。“东翼”包括江都市区及周围小城镇，由于处于南水北调东线工程的源头地区，要限制环境影响大的企业，发展人居建筑业和相关环保产业。

沿轴形成疏密有序，集中发展，开敞布局的区域城镇空间组织。城市密集地带的自然水域和风景区，由于其景观的稀缺性，往往成为私人开发资本争夺的重点。由于资本驱动的巨大开发压力,当前要确定城市空间发展的边界,保存和保护城镇间的农业空间、生态控制区、生态建设区。扬州地跨江淮两大水系下游,境内湖泊众多,水网密布,江河湖相连,湿地生态环境良好,开发尤其关注水环境保护。以太湖为例,由于环太湖地区产业和人口的过于稠密,即使一些制造业转移或关停,但高生活排放对水环境造成的压力仍一时难以缓解。而扬州—江都两地之间,古运河、京杭大运河、廖家沟、芒稻河四大水系南北向穿越境内,随着文昌大桥通车,两地通勤距离减小,这一生态敏感区面临高强度开发压力。通过划定生态保护和水源保护区,明确禁止建设用地的范围,适当控制廖家沟、京杭大运河沿线的高档住宅区和工商业的高密度开发。

(2) 淮江聚合次轴

沿京杭运河和京沪高速公路,北通淮安,南接沿江轴线,以邵伯镇、高邮市区、宝应县城为核心,以里下河平原及其水乡风光为基础,建成农产品加工配送基地及观光农业走廊。高邮、宝应县城镇作为北部区域的生产和生活服务基地,将两地的加工业相对集中,吸引周围的农村劳动力,逐步恢复里下河腹地的湿地生态资产。在生态恢复和建设的同时,开发邵伯镇、汜水镇、菱塘回族乡一线的水乡观光游览,体验农家生活和特色风情。

扬州是南水北调东线的调水水源地,如果跟踪苏南发展模式,生态环境必然不堪负重。依托得天独厚的水乡生态资产(江、河、湖、渠、林)和独树一帜的历史文化遗产(园林、会馆、楼、台、亭、阁、桥),扬州可以实施文化和生态优先的开发策略,有效整合以上两大沿轴地带的物质与非物质形态的历史文博资源,形成集文化景点、自然风光、购物、休闲于一体的文化生态走廊。

对于初具规模的各地制造业集群,要在全市范围内区域统筹,实现两轴五县市的产业分工和功能整合。石化化纤类企业相对集中于仪征,石油天然气开采相对集中于江都。控制化工类企业规模,化工类园区要保持与集中生活区和自然水域的相当距离。

2) 轴线外围区

(1) 功能区划

轴线外围则以提高区域生态服务功能为主,可以分为农作区和自然生态维护区两类地区。①以种植、养殖、园艺等生产为主的农作区。作为人工生态系统,生态敏感性较弱,系统稳定性较强,有较重要的生态服务功能。

坚持生态优先原则，控制建设用地开发。扬州市有59%的地区(3 900平方公里)是本市乃至全省水、土、气环境质量较好，符合生产和加工绿色食品产地的生态环境标准，是绿色食品综合开发的区域。如里下河地区的粮食生产基地、畜禽产品及水产品类生产基地，江都沿江花木生产基地、仪邗丘陵区的果品、茶叶生产基地，市郊区的都市农业。②自然保护区，是生态敏感性较强的自然生态系统，对区域生态具有关键作用，应禁止建设用地开发。扬州自然生态资产雄厚，各县市自然保护区均有覆盖，如仪征的自然风景和森林资源自然保护区，宝应大运河西湿地生态自然保护区，高邮绿湖和江都绿洋湖野生动植物和湿地生态的自然保护区。对已破坏地区，要加强生态恢复，包括湿地、植被和矿山的恢复、土地整理等。

(2) 乡村开发

扬州大部分农村地区，农业发展比重大，乡镇经济发展水平低，未来以乡村旅游、生活休闲服务、农产品加工等经济活动为主，要控制污染型工商业活动进入。如里下河腹地20多个乡镇，水系运输较好，但现代交通不够充分，人口可逐步向沿线、沿河城镇集中，减轻对里下河湿地的生态胁迫效应。扬州不能效仿苏南就地工业化和就地城镇化的传统发展模式。由于特定历史条件下的资金严重匮乏，各种城乡隔离制度，以及吴文化的重商主义传统，苏南地区农村劳动力选择“离土不离乡”“进厂不进城”的转移方式，近阶段点多面广的大小村镇又成为招商引资工业落户的基地，高强度土地开发对生态环境和传统文化资产带来巨大冲击。

扬州自然村庄点多分散，但当前仍属生态平衡的小社区。为了改善农村生活设施条件，并支援城市急需的建设用地，未来村庄将大幅撤并，农村景观将发生巨大变迁。但这种发展方式仍有许多问题值得探讨。城市被公认为是环境污染和能源铺张消费的重地，城市文明向农村扩散，村庄拆旧建新进行现代化改造，能否确保生态再平衡？未来城市化地域具有相当大的变量，农村人口将继续甚至大量减少，建成的新型村庄是否能成为吸引当地年轻人的生活场所？虽然乡村改造路径问题存在诸多争议，但城市基础设施还要向农村延伸，城市公共服务要向农村覆盖，当前建设重点可以放在农村乡镇及镇村道路，乡镇作为农村主要就业区，村庄则作为生活据点，已有村办工业适当向乡镇集中。位于城郊和城镇交界地区的村庄，可以成为当前新型村庄建设的重点，优先规划并配套基础设施和公建设施，引导农民建房向这些规划点集中。

改善农村人居环境是当前新农村建设的重点，乡村生态发展是重要目标。第一，引进、推广现代生态技术。传统村庄在自然约束下生成进化，通过自力更生、就地取材，保持区域生态平衡。当前在保持自足自立传统的基础上，适当引进和推广资源节约、替代和循环利用技术，如支持和推广使用沼气、太阳能等可再生能源和再循环系统，减少对资源环境的需求。第二，探索和创新传统生态合理的农村文化生活方式。一个地区的生产、生活方式是人与环境长期互动形成的结果，数千年农业文明造就的村镇，其有限的村镇生活也被证明不仅不会破坏自然的良性循环，还能保持该地区特有的平衡。如扬州一些村庄过去每年全村动员，定期清除河床淤泥，保持河道畅通、河水清澈，同时挖上来的河泥还可以用来肥田。在环境整治集体活动中，社会动员、环境保育、农田施肥，实现生活、生态和生产三个目标的相互促进。市场化转型后，农村以往围绕清淤的集体行动不复存在，河道淤塞、河水发臭、农田土质下降、干群关系疏离一系列后果不可避免。在当前乡村发展实践中，许多生态导向的本土传统理念和做法，如通过民间合作和原住民主动参与等方式，自主建设家园、生态保育和复兴地方传统文化，可以加以革新，并进行实验推广。

8 结 语

8.1 基本结论

(1) 可持续性作为一种价值判断相关的,动态而不确定的理想目标,其概念模型研究涉及人地关系的哲学基础、发展的指导思想和未来发展方向,一个概念模型的提出并不意味着就此达成共识,而是希望有助于对这些重大问题的理解,并给解决这类问题提供一种可能。

文献回顾研究表明,可持续性问题由于涉及学科的广泛性,以及各学科有不同的术语及研究范式,要构建一个通用的可持续性概念模型是不可能的。但对于知识的积累和深化,对于更可持续的实践探索,建立一个多学科统一的概念模型是极其重要的。

(2) 可持续发展作为一种新型发展范式,要变革传统常规发展实践方向,首先要有相对清晰的价值目标。而相关价值理念的探讨大多集中在哲学与伦理学的思辨层次。本研究则尝试从概念模型入手探讨这一哲学问题。研究发现不同的科学家集团对可持续性系统有不同的解释模式,根据对国外相关概念模型思想的分类评述,模型设计一般存在三种基本的观点立场:经济优先、三要素平衡和生态优先。各类模型的比较分析表明,生态优先型描述方式具有最终有效性。

根据可持续性模型思想的三种基本观点的讨论,可持续发展系统分析可以归纳为生态一元、自然-社会-环境三元、人地二元等三种理论框架。要在一元整体框架下思考可持续发展问题,生态系统可以作为一个更好的解释框架。生态系统是一元的,即在一个框架下自然与人文要素及其相互关系,可以体现地理学的综合性和整体性的思想。

(3) 在价值多元、利益多样化的社会,面对可持续目标模糊,过程不确定、累积性效应等诸多难题,单纯定量或从定性到定量的硬系统工程方法可能有其局限性。软系统思想和批评性系统方法论提供了处理以人为中心的城市可持续性问题的方法思路。

(4) 对人与环境关系的分析范式和世界观限定了要分析的重大问题，并决定了思维的广度、深度和方向。当前盛行全球的扩张型文化范式是基于经济优先的一种片面世界观。生态世界观则视经济系统为生态系统的子系统，经济活动不仅要遵循经济规律，更要遵循自然法则。基于地球系统科学的视角，结合城市空间研究的政治经济学派研究成果，分析人类社会增长与有限地球的根本冲突，研究表明经济全球化趋势下，人的需求与资本方的供应相互结合，成为当前驱动全球城市增长的根本动力，资本在其中又起决定性作用。

(5) 探索可持续性城市概念模型，旨在厘清系统各要素间的关系，揭示城市的一种生态运行机制。视城市为生物有机体，工业化时代的城市的输入-输出的线性代谢过程确实是破坏地球的生命保障系统。在以人为中心的城市系统中，通过城市需求-结果之间的因果关联，环境-经济-社会三维间各体系相互作用，经济活动造成环境变化，而经济压力往往源于社会需求。实现可持续城市，实质就是在城市需求与产出之间达成一种平衡。

可持续性"生态城市"概念模型表明，要减少城市的环境影响，依赖于社会、技术、经济、政治、文化等维度的全面整合。在某种意义上，这一模型框架表现的是一种"社会城市"的概念，或者是一种自组织学习型城市的概念。以人为主体的系统转型，重点在于价值观、机构组织、公众、社区、工商等。

(6) 应对可持续发展挑战，规划体系不是最理想但却是目前为止最好的工具。可持续性规划要求对城市系统正向调控上发挥人的主观能动性，即意味着要从传统的调查-分析-规划的规划方法，转向现状-愿景-行动的可持续性规划方法，在实践上努力提高对"什么目标"和"如何努力"的理解。概念模型可以用来沟通科学领域与政策行为领域。以概念模型框架为平台，通过一个跨学科、跨部门的方法及其工具箱的开发，可以支持规划过程的各层次公众的参与、方案决策和政策讨论，更好地体会现状、现行趋势、可持续性目标三者间的差距，从而有助于引导城市趋向可持续性未来。

对扬州城市发展的趋势和目标的一般分析，表明现行规划的生态城市建设目标离可持续性标准有一定距离，按当前发展趋势，要达到这一既定目标，仍有相当的难度。通过扬州可持续性项目若干个案的分析，表明在向可持续性未来接近的行动过程中，离不开地方机构、组织、个体、企业等各方力量的合作努力，在这种自学习自进化的过程中，还需要对规划管理手段作相应变革。

（7）运用生态世界观指导空间开发实践，发现网络开发可归于经济优先思想支配的空间开发模式。在经济全球化和生态现代化的背景下，轴线开发是生态更为健康的开发模式。轴线开发要求形成城乡分明的空间开发格局，即城市人口和经济活动集中于大流量高速交通沿线，轴线外围坚持生态优先的开发方式。这一开发方式也是基于一种可持续城乡发展观，在经济效率上，农业、农村和工业、城市存在天然而不可弥补的经济差距；但基于乡村和农业在生态和社会上的独特功能，在生活质量上，城乡是有可能达到等质化的水平。因此，可持续发展要从关注城乡经济差距，转到城乡的优势互补上来。

以扬州地区为例，为落实江苏省环保优先的发展方针，在空间开发层面，按照轴线开发模式构建聚合和分散的两类空间利用格局：以沿江主轴、淮江次轴为纽带，形成一横一纵两大经济强集聚地带，并保持紧凑有序的城镇群空间格局，轴线外围区则分成农作区和自然生态维护区两类地区，坚持生态优先的开发方式。

8.2 主要创新点

（1）基于人地相关论、综合性和区域性的地理学研究传统，提出城市可持续性概念模型的研究思路。围绕可持续性概念构模，进行从价值立场-理论探讨-实践应用的整体研究，有助于扩展可持续发展综合研究的路径。

（2）在概念层面，通过对可持续性有关概念模型的再梳理，分析模型设计背后所存在的三种基本的价值理念，并在此基础上，提出可持续发展的生态一元、人地二元、自然-社会-环境三元等三种理论模式，可以丰富地理学人地系统基础内容。

（3）在概念的空间开发应用层面，分析研究表明，相对于网络开发，轴线开发更具生态合理性。由此提出网络开发并非区域开发高级阶段空间利用的必然选择，轴线开发也可能成为一种可替代的空间组织方式。按照轴线开发模式，进一步提出二元城市化的空间利用方案。研究对经济地理学的空间开发理论完善有积极意义。

（4）在概念构模及其运用方面，以整体模型为平台，对城市系统内部各要素及其与环境的关系进行解释，并分析概念模型对可持续性规划的实践意义。

8.3 有待探讨的问题

可持续性概念模型研究试图不完全地应对一个完全的问题，属于一种探索性研究。需要有跨学科宽视野的研究能力。限于笔者的学识能力及精力，本研究只是对可持续性宏大命题的一种初步探讨或先导研究，还存在许多不足，有许多方面值得深入思考和探讨。

(1) 可持续性概念繁多，经济、社会、技术、文化、生态、系统等不同的研究视角，有不同的理解和认识。按库恩的范式理论，研究人员选择一种研究范式，就意味着戴了一种有色眼镜来看待世界。本研究从生态优先的立场，来探讨城市可持续性问题，自然也是无法完整全面和历史地反映客观现实世界。

(2) 城市可持续性概念模型通过简化现实，概念性地说明(或图示)城市现实存在的各种关系和城市对环境的影响。但忽略城市内部的复杂关系和城市环境影响的复杂性，可能会妨碍我们解决城市不可持续性问题。"城市……具有(分枝的、分离的、划区的)树状结构……当我们在关注那种树状结构时，我们是在用概念上的简单化来表现现有城市的人性化和丰富多采。这种简单概念化只对设计者、规划者、管理者和开发商有利……""在任何有序的事物中，极端的划分和内部要素的分裂都是即将到来的解体的第一信号。对一个社会来说，分裂就是混乱；对一个人来说，分裂就是精神分裂症的标志和自杀的来临"(亚历克山大，2004)。

(3) 随着工业化和城市化进程的推进，发展中国家和发展中地区的城市环境影响将越来越大。但就现阶段而言，经济问题和社会问题可能相对更为紧迫。本文提出的生态优先的解释模式，可能更适用于工业化和城市化达到相当阶段的地区。

(4) 概念模型的研究如果只停留在概念层面，意义不大。要将概念付诸切实的行动，或提出行动的计划方案，或开发出可操作的工具箱。本研究定位于理论层次的探讨，在操作性和精确性的应用研究方面显得薄弱。

参考文献

[1] Alberti M, Susskind L. Management urban sustainability: An introduction to the special issues[J]. *Environment Impact Assesments Review*, 1996,16(4-6):213-221.

[2] Albrechts L, Broeck J V. From discourse to facts: The case of the ROM project in Ghent, Belgium[J]. *Town Planning Review*, 2004, 75(2):127-149.

[3] Alberti M, Waddel P. An integrated urban development and ecological simulation model[J]. *Integrated Assessment*, 2000,1(3):215-227.

[4] Basiago A D. Economic, social and environmental sustainability in development theory and urban planning practice[J]. *The Environmentist*, 1999,19:145-161.

[5] Bergh J, Nijkamp P. Operationalizing sustainable development: dynamic ecological economic models[J]. *Ecological Economics*, 1991, 4(1):11-33.

[6] BCRTEE. Towards a Strategy for Sustainability[R]. Victoria: British Columbia Round Table on the Environment and the Economy, 1993.

[7] Boyko C T, MacKenzie A R, Leung H. In spite of our own best interests: lessons from an interdisciplinary project on urban sustainability[J]. *Jouranal of Geography in Higher Education*, 2015,39(2):206-219.

[8] Bosshard A. A methodology and terminology of sustainability assessment and its perspectives for rural planning[J]. *Agriculture, Ecosystems and Environment*, 2000(77):29-41.

[9] Brazel A J. Urban Sustainability in the context of global change[J]. *Landscape and Urban Planning*, 2000(58):71-72.

[10] Brugmann J. Planning for sustainability at the local government

level[J]. *Environmental Impact Assessment Review*, 1996, 16 (4):363-379.

[11] Byrne D. City-region 2020: Integrated planning for a sustainable environment[J]. *International Journal of Sustainability in Higher Education*, 2013,10(4):558-559.

[12] Callow A. American Urban History: An Interpretive Reader[M]. Oxford: Oxford University Press, 1969.

[13] Chifos C. Planning Sustainability[J]. *Environment and Planning*, 2001(33):186-188.

[14] Childers D L, Pickett S T A, Grove J M, et al. Advancing urban sustainability theory and action: Challenges and opportunities[J]. *Landscape and Urban Planning*, 2014,125(3):320-328.

[15] Clark M. A cybernetic approach to sustainable development? Planning in North West England during the 1990s[J]. *GBER*, 2000(2): 34-49.

[16] Cornwall W. A plague of rats[J]. Science, 2016,352(6288):912-915.

[17] Cook W M, Casagrande D G. Adaptive experimentation in human-dominated systems[J]. *Frontiers in Ecology and the Environment*, 2003(2):467 - 474.

[18] Daly H. Beyond Growth: The Economics of Sustainable Development[M]. Boston: Beacon Press, 1996.

[19] Dansereau P. Harmony and Disorder in the Canadian Environment [R]. Ottawa: Canadian Environmental Advisory Council, Environment Canada, 1975.

[20] Dansereau P. Interdisciplinary perspective on production-investment control processes in the environment[R]// Vancouver Declaration: Final Report of the UNESCO Symposium on Science and Culture for the 21st Century: Agenda for Survival. Ottawa: Canadian Commission for UNESCO, 1990:55-100.

[21] Davidson F. Planning for performance[J]. *Habitat International*, 1996,20(3):445-462.

[22] Davies W K D. Sustainable development and urban policy: hijacking

the term in Calgary[J]. *Geojournal*, 1997,43(4):359-369.
[23] DIPSC. Using Development Indicators for Aboriginal Development [R]// Development Indicator Project Steering Committee. Ottawa: Economic Development Staff Program, Indian and Northern Affairs Canada, 1991.
[24] Dorcey A H J. Towards agreement on sustainable development in water management: Learning from the differences[J]// A H J Dorcey. Perspectives on Sustainable Development in Water Management: Towards Agreement in the Fraser River Basin[C]. Vancouver: Research Program on Water in Sustainable Development, Westwater Research Centre, University of British Columbia, 1991: 533-554.
[25] Eran F. Muddling toward sustainability [J]. *Progress in Planning*, 1998(49):1-53.
[26] Evans R G, Stoddart G L. Producing Health, Consuming Health Care[R]. Toronto: Population Health Program Working Paper, Canadian Institute for Advanced Research, 1990.
[27] Firey W. Man, Mind and Land-A Theory of Resource Use[M]. Glencoe: The Free Press, 1960.
[28] Fredga K, Mäler K. Life Cycle Analyses and Resource Assessments [J]. *AMBIO*, 2010,39(1):36-41.
[29] Freeman Ⅲ A M, Haveman R H, Kneese A V. The Economics of Environmental Policy[M]. New York: John Wiley & Sons, 1973.
[30] Friedmann J. Where We Stand:A Decade of World City Research[J] // Paul L Knox, Peter J Taylor. World Cities in a World System [C]. Cambridge: Cambridge University Press,1995.
[31] Giampietro M. Using hierarchy theory to explore the concept of sustainable development[J]. *Futures*, 1994,26(6):616-625.
[32] Golubiewski N. Is there a metabolism of an urban ecosystem? An ecological critique[J]. *AMBIO*, 2012,41(7):751-764.
[33] Hajer M A. The Politics of Environmental Discourse, Ecological Modernization and the Policy Process[M]. Oxford: Oxford Univer-

sity Press, 1995.

[34] Hancock T. Sustaining health: Achieving health for all in a secure environment, Health • Environment • Economy-Strategies for a Sustainable Future [R]. York University: Conference sponsored by Health and Welfare Canada and Environment Canada, 1989.

[35] Hancock T, Perkins F. The mandala of health: A conceptual model and teaching tool[J]. *Health Education*, 1985,24(1):8-10.

[36] Higonnet Patrice. Paris, Capital of the World[M]. Boston: Harvard University Press, 2002.

[37] Hodge R A. Assessing Progress Toward Sustainability: Development of a Systemic Framework and Reporting Structure[D]. Ph D Dissertation of School of Urban Planning, Faculty of Engineering, McGill University, Montreal, 1995.

[38] Hodge T. Toward a conceptual framework for assessing progress toward sustainability [J]. *Social Indicators Research*, 1997, 40 (1):1-98.

[39] Holden E. Ecological footprints and sustainable urban form[J]. *Journal of Housing and the Built Environment*, 2004,19(1):91-109.

[40] Isard W. Methods of Regional Analysis: An Introduction to Regional Science[M]. Cambridge: The M. I. T. Press, 1960.

[41] Jacobs M. The Green Economy: Environment, Sustainable Development, and the Politics of the Future [M]. London: UBC Press, Vancouver, 1993.

[42] Kasperson R E. Environmental stress and themunicipal political system [C]// R E Kasperson, J V Minghi. The Structure of Political Geography. Chicago: Aldine Publishers, 1969:481-500.

[43] Kelly M, Selman P, Andrew G. Taking sustainability forward: relating practice to policy in a changing legislative environment [J]. *Town Planning Review*, 2004,75(3),309-335.

[44] Kneese A V, Bower B T. Environmental Quality and Residuals Management[M]. Baltimore: Johns Hopkins UP/Resources for the Future Inc, 1979.

[45] Lampard E. American historians and the study of urbanization[J]. *American Historical Review*, 1961,67:49-61.

[46] Lawn P A, Sanders D. Has Australia surpassed its optimal macroeconomic scale? Finding out with the aid of 'benefit' and 'cost' accounts and a sustainable net benefit index[J]. *Ecological Economics*, 1999,28(2):213-229.

[47] Leeman E, Cox J. Sustainable Urban Devevopment: Strategic Considerations for Urbanizing Nations[R]. Ottawa: Chreod Development Planning Consultants, 1990.

[48] Livingston M. Ecoregion-Based Design for Sustainability[J]. *Landscape and Urban Planning*, 2003(65): 167-168.

[49] Lynch K, Rodwin L. A theory of urban form[J]. *Journal of the American Institute of Planner*, 2007,24(4):201-214.

[50] Maxwell J A, Randall A. Ecological economic modeling in a pluralistic, participatory society[J]. *Ecological Economics*, 1989,1(3):233-249.

[51] Mayumi K, Giampietro M. The epistemological challenge of self-modifying systems: Governance and sustainability in the post-normal science era[J]. *Ecological Economics*, 2006,58(3):382-399.

[52] Mazzolini L S. The Idea of the City in Roman thought: From Walled City to Spiritual Commonwealth[M]. London: Hollis and Carter, 1970.

[53] Meppem T, Gill R. Planning for sustainability as a learning concept [J]. *Ecological Economics*, 1998,26(2):121-137.

[54] Meppem T. The discursive community: Evolving institutional structures for planning sustainability[J]. *Ecological Economics*, 1997 (34):47-61.

[55] Miller G. Roots of the urban mind[J]. *Science*, 2016,352(6288): 908-911.

[56] Miller J G. Living Systems[M]. New York: McGraw-Hill, 1978.

[57] Moffatt I. Sustainable development: conceptual issues, an operational model and its implications for Australia[J]. *Landscape and Urban Planning*, 1993,23(2):107-118.

[58] Murdie R A, Rhyne D, Bates J. Modelling Quality of Life Indicators in Canada: A Feasibility Analysis[R]. Ottawa: The Centre for Future Studies in Housing and Living Environments, Canada Mortage and Housing Corporation, 1992.

[59] Ng M K, Hills P. World cities or great cities? A comparative study of five Asian metropolises[J]. *Cities*, 2003,20(3):151-165.

[60] Newman P W G. Sustainability and cities: extending the metabolism model [J]. *Landscape and Urban Planning*, 1999(44):219-226.

[61] NTFHI. Health Information for Canada, Final Draft Report for National Task Force on Health Information[R]. Ottawa: National Health Information Council, 1991.

[62] OECD. Environmental Indicators: Basic Concepts and Terminology [R]. Paris: Draft Background Paper in Group on the State of the Environment, Environment Directorate, Organization for Economic Co-operation and Development, 1993.

[63] Pearce D W, Freeman S. Information requirements of policy decision-makers[J]// Proceedings of the Environmental Information Forum[C]. Ottawa: State of Environment Reporting, Environment Canada. Minister of Supply and Services Canada, 1991:56-101.

[64] Hall P. The World Cities[M]. London: Heinemann, 1966.

[65] Pike A, Tomaney J. Subnational governance and economic and social development[J]. *Environment and Planning*, 2004, (36): 2091-2096.

[66] Phil M. Measuring Urban Sustainability: the potential and pitfalls of city rankings[J]. *Australian Geographer*, 2012,43(4):411-424.

[67] Rapport D, Friend A. Towards a comprehensive framework for environmental statistics: a stress-response approach[R]. Ottawa: Statistics Canada Catalogue 11-510, Minister of Supply and Services Canada, 1979.

[68] Ravetz J. Integrated assessment for sustainability appraisal in cities and regions[J]. *Environmental Impact assessment Review*, 2000,20(1):31-64.

[69] Ramaswami A, Russell A G, Culligan P J, et al. Meta-principles for developing smart, sustainable, and healthy cities[J]. *Science*, 2016, 352(6288):940-943.

[70] Rees W E. Urban ecosystems: the human dimension[J]. *Urban Ecosystems*, 1997, 1(1):63-75.

[71] Rees W E. An ecological economics perspective on sustainability and prospects for ending poverty[J]. *Population and Environment*, 2002(24):15-46.

[72] Rees W E. Economic development and environmental protection: An ecological economics perspective[J]. *Environmental Monitoring and Assessment*, 2003(86):29-45.

[73] Rob K, Susan B. Towards a "consensual" urban politics? Creative planning, urban sustainability and regional development[J]. *International Journal of Urban and Regional Research*, 2012, 36(3):486-503.

[74] Robinson J B. Exploring a sustainable future for Canada: The next step in the conserver society discussion[R]. Washington: Meeting of the Leaders of National 21st Century Studies, Institute for 21st Century Studies and World Futures Society, 1989.

[75] Roseland M. Sustainable community development: integrating environmental, economic, and social objectives[J]. *Progress in Planning*, 2000, 54(2):73-132.

[76] Sachs I. What State, what markets, for what development? The social, ecological and economicaldimensions of planning[J]. *Social Indicators Research*, 1996, 39(3):311-320.

[77] Sadler B. Impact Assessment, Development Planning and International Assistance in Post Brundtland Perspective[J]// Proceedings of the International Workshop on Impact Assessment for International Development[C]. Vancouver: International Association for Impact Assessment, 1988:775-787.

[78] Sassen S. The Global City[D]. Princeton: Princeton University, 1991.

[79] Siebert H. Economics of the Environment. Lexington[M]. Massa-

chusetts：Lexington Books，1981.
[80] Shaw R W，Öberg S. Sustainable development：applications of systems analysis[J]. *The Science of the Total Environment*，1994，149(3)：193-214.
[81] Singh R B. Urban Sutainability in the Context of Global Change[M]. Plymouth：Science Publishers，2001.
[82] Smith C S，McDonald G T. Assessing the sustainability of agriculture at the planning stage[J]. *Journal of Environmental Management*，1998，52(1)：15-37.
[83] Stoecker R. Making connections：community organizing，empowerment planning，and participatory research in participatory evaluation [J]. *Sociological Practice*，1999，1(3)：209-231.
[84] Soja E. Thirdspaces：Journeys to Los Angeles and Other Real and Imagned Spaces[M]. Oxford：Blackwell，1996.
[85] Thomas D S，Furuseth O J. The reality of incorporating sustainable development into local level planning：a case study of Davidson，North Carolina[J]. *Cities*，1997，14(4)：219-226.
[86] Tietenberg. Environmental and Natural Resource Economics[M]. New York：Harper Collins，1992.
[87] Wigginton N S，Fahrenkamp-Uppenbrink J，Wible B，et al. Cities are the future[J]. *Science*，2016，352(6288)：904-905.
[88] Wu J G. Urban ecology and sustainability：The state-of-the-science and future directions[J]. *Landscape and Urban Planning*，2014(125)：209-221.
[89] Young M D. Sustainable Investment and Resource Use-Equity，Environmental Integrity and Economic Effency[R]. Man and the Biosphere Series Volume 9，CSIRO Division of Wildlife and Ecology，Melbourne，Australia；UNESCO，Paris，France；Parthenon，Park Ridge，New Jersey，1992.
[90] [英]理查德·罗杰斯，菲利普·古姆齐德. 小小地球上的城市[M]. 仲德昆，译. 北京：中国建筑工业出版社，2004.
[91] [美]大卫·哈维. 希望的空间[M]. 胡大平，译. 南京：南京大学出版

社，2006.
[92] [美]R E 帕克，E N 伯吉斯，R D 麦肯齐. 城市社会学：芝加哥学派城市研究[M]. 宋俊岭，郑也夫，译. 北京：商务印书馆，2012.
[93] [英]埃里克·诺伊迈耶. 强与弱：两种对立的可持续性范式[M]. 曾义金，译. 上海：上海译文出版社，2006.
[94] 申玉铭，方创琳，毛汉英. 区域可持续发展理论与实践[M]. 北京：中国环境科学出版社，2007.
[95] [美]赫尔曼·E. 戴利，肯尼思·N. 汤森. 珍惜地球[M]. 马杰，钟斌，朱又红，译. 北京：商务印书馆，2001.
[96] [美]威廉·麦克唐纳，[德]迈克尔·布朗嘉特. 从摇篮到摇篮：循环经济设计之探索[M]. 中国 21 世纪议程管理中心，中美可持续发展中心，译. 上海：同济大学出版社，2005.
[97] [美]巴里·康芒纳. 封闭的循环：自然、人和技术[M]. 侯文惠，译. 长春：吉林人民出版社，1997.
[98] [美]杰里米·里夫金，特德·霍华德. 熵：一种新的世界观[M]. 吕明，袁舟，译. 上海：上海译文出版社，1987.
[99] [荷兰]I S 宗纳维尔. 地生态学[M]. 李秀珍，译. 北京：科学出版社，2003.
[100] [英]玛夫·史密斯，约翰·怀特莱格，尼克·威廉姆斯. 绿色可持续人工环境[M]. 王占忠，等，译. 北京：中国环境科学出版社，2004.
[101] [美]霍华德·T. 奥德姆，伊丽莎白·C. 奥德姆. 繁荣地走向衰退：人类在能源危机笼罩下的行为选择[M]. 严茂超，毛志峰，译. 北京：中信出版社，2002.
[102] [英]大卫·哈维. 地理学中的解释[M]. 高泳源，等，译. 北京：商务印书馆，1997.
[103] 陆大道. 关于地理学的"人-地系统"理论研究[J]. 地理研究，2002，21(2)：135-145.
[104] 孙斌栋，魏旭红，王婷. 洛杉矶学派及其对人文地理学的影响[J]. 地理科学，2015，35(4)：402-409.
[105] 刘鸿明，邓久根. 可持续发展理论研究的两种范式述评[J]. 经济纵横，2010(4)：122-125.
[106] 黄光宇，陈勇. 生态城市概念及其规划设计方法研究[J]. 城市规划，

1997(6):17-20.
[107] 牛文元.可持续发展理论的内涵认知——纪念联合国里约环发大会20周年[J].中国人口·资源与环境,2012(5):9-14.
[108] 黄秉维.论地球系统科学与可持续发展战略科学基础(I)[J].地理学报,1996(4):350-354.
[109] 马世峻,王如松.社会-经济-自然复合生态系统[J].生态学报,1984,27(1):1-9.
[110] 王如松,欧阳志云.社会-经济-自然复合生态系统与可持续发展[J].中国科学院院刊,2012,1(3):337-345.
[111] 方创琳.区域人地系统的优化调控与可持续发展[J].地学前缘,2003,10(4):629-635.
[112] 秦耀辰.区域持续发展理论与实践[J].经济地理,1997,17(2):5-12.
[113] 明庆忠.人地关系和谐:中国可持续发展的根本保证——一种地理学的视角[J].清华大学学报(哲学社会科学版),2007(6):114-121.
[114] 顾朝林.论中国城市可持续发展研究方向[J].城市问题,1994(6):2-6.
[115] 徐中民,程国栋.可持续发展系统评价的属性细分理念与应用[J].地理科学,2001,21(1):7-11.
[116] 赵庆建,温作民.流域生态系统管理及模拟计算模型[J].生态经济,2010(10):153-157.
[117] 金涛,汤茂林.可持续发展:从目标到实践的三个模式[J].城市规划学刊,2005(1):86-89.
[118] 梁鹤年.规划战略:来自生态学的启发[J].城市规划,2000,24(5):51-54.
[119] 李亚丽,秦耀辰.城市元胞自动机模型的构建及其应用研究进展[J].科技导报,2012,30(2):74-79.
[120] 李霞.生态人类学的产生和发展[J].社会科学动态,2000(10):16-19.
[121] 蔡禾.都市社会学研究范式之比较——人类生态学与新都市社会学[J].学术论坛,2003(3):110-116.
[122] [英]凯·米尔顿.多种生态学:人类学,文化与环境[M].仕琦,译.北京:社会科学文献出版社,2000.

[123] [爱尔兰]R 基钦,[英]N J 泰特. 人文地理学研究方法[M]. 蔡建辉,译. 北京:商务印书馆,2006.

[124] 陶在朴. 生态包袱与生态足迹——可持续发展的重量及面积观念[M]. 北京:经济科学出版社,2003.

[125] [德]赫尔曼・舍尔. 阳光经济:生态的现代战略[M]. 黄凤祝,译. 上海:三联书店,2000.

[126] 金涛,林文棋. 区域共轭生态规划探论[J]. 城市规划,2009(7):59-63.

[127] 陆大道. 区域发展及其空间结构[M]. 北京:科学出版社,1995.

[128] [美]托马斯・库恩. 科学革命的结构[M]. 金吾伦,胡新和,译. 北京:北京大学出版社,2004.

[129] 盖建民. "模型化"思维论析[J]. 科学技术与辩证法,2001,18(1):17-21.

[130] 钟明. 论系统方法论的结构[J]. 江海学刊,1997,(5):104-110.

[131] 高军,赵黎明. 系统方法论研究的现状分析与展望[J]. 系统辩证学学报,2003,11(3):33-36.

[132] 刘启华. "软"系统方法论述评[J]. 自然辩证法研究,1999(10):5-12.

[133] 赵晓康,王维红. 20 世纪系统思想的发展演变[J]. 国外社会科学,2002(2):2-7.

[134] 孙晶. 理想化方法与理论模型[J]. 北京理工大学学报(社会科学版),2000(1):32-36.

[135] [加拿大]G. 斯蒂尔特. 西方城市史的理论研究[J]. 冷毅,王昺,译. 史学理论研究,2003(03):107-112.

[136] 刘力. 国外城市生态研究的主要方向与研究进展[J]. 世界地理研究,2001(3):85-91.

[137] 刘力. 可持续发展与城市生态物质循环理论研究[D]. 长春:东北师范大学,2002.

[138] 金涛,梁雪春. 城市增长与地球环境的关系[J]. 城市问题,2007(8):7-11.

[139] 洪大用. 西方环境社会学研究[J]. 社会学研究,1999(2):85-98.

[140] 朱登潮. 重新审视和建立人与自然的关系[J]. 理论学刊,2007(1):47-48.

[141] [日]森川洋. 日本城市体系的结构特征及其改良[J]. 柴彦威,译. 国际城市规划,2008,22(1):5-11.

[142] [荷兰]赫曼・戴利. 可持续发展:定义、原则和政策[J]. 马季方,译.

国外社会科学,2002(6):44-49.
[143] [德]乌尔里希·贝克. 风险社会[M]. 何博闻,译. 南京:译林出版社,2004.
[144] 唐子来. 可持续发展的规划思考[J]. 城市规划汇刊,2000(2):75-76.
[145] 诸大建. 从可持续发展到循环型经济[J]. 世界环境,2000(3):6-12.
[146] 金涛,张小林. 国际可持续社区规划模式评述[J]. 国外城市规划,2004(3):47-50.
[147] [美]John Friedmann,李泳. 规划全球城市:内生式发展模式[J]. 城市规划汇刊,2004(4):3-7.
[148] 杨东峰,毛其智,龙瀛. 迈向可持续的城市:国际经验解读——从概念到范式[J]. 城市规划学刊,2010(01):49-57.
[149] 赵闯. 对可持续性问题的再思考:概念辨析与范式阐论[J]. 经济问题探索,2011(3):177-181.
[150] 朱锡金. 21 世纪人类生态住区规划述要[J]. 同济大学学报(自然科学版),1994(4):1-6.
[151] 黄亚平. 城市可持续性规划决策准则与方法[J]. 城市规划,1999(7):38-41.
[152] 徐中民,张志强,程国栋. 当代生态经济的综合研究综述[J]. 地球科学进展,2000,15(6):688-694.
[153] 张中华,张沛,王兴中,等. 国外可持续性城市空间研究的进展[J]. 城市规划学刊,2009(3):99-107.
[154] 张知彬,王祖望,李典谟. 生态复杂性研究——综述与展望[J]. 生态学报,1998,18(4):433-442.
[155] 戴汝为,沙飞. 复杂性问题研究综述:概念及研究方法[J]. 自然杂志,1995,17(2):73-78.
[156] 肖忠东,孙林岩,吕坚. 经济系统与生态系统的比较研究[J]. 管理工程学报,2003,17(4):23-27.
[157] 余丹林. 区域可持续发展评价指标体系的构建思路[J]. 地理科学进展,1999(2):85-89.
[158] 李利锋,郑度. 区域可持续发展评价:进展与展望[J]. 地理科学进展,2002(3):237-247.
[159] 高群. 国外生态——经济系统整合模型研究进展[J]. 自然资源学报,

2003,18(3):375-384.
[160] 柴彦威,史中华,王宏伟.地域轴的概念、形成及其政策意义[J].城市规划,2001(5):24-28.
[161] 刘银.轴线——城市空间中的一种经典现象//理想空间[C].上海:同济大学出版社,2006.
[162] 梁进社.论节点走廊模式对我国城镇体系规划的适用性[J].城市规划,2005(4):30-34.
[163] 陆大道.关于点轴空间结构系统的形成机理分析[J].地理科学,2002(1):1-6.
[164] 陆化普.基于TOD的城市综合交通规划及其研究课题[J].中国科学基金,2005(4):209-212.
[165] 金涛,曾尊固.轴线开发模式及扬州实例分析[J].地域研究与开发,2008(4):1-4.
[166] [奥地利]克里斯托弗·亚历克山大.城市不是树[J].国外城市规划,2004(4):80-81.

图 表 附 录

图片附录

表格附录